# TROUVER DIEU EN TOUTES CHOSES

PIERRE VAN BREEMEN, s.j.

# TROUVER DIEU EN TOUTES CHOSES

*Pour que la vie trouve sa place dans la foi*

Traduit de l'anglais par
Sr SUZANNE ECK, o. p.

*Épiphanie - Tradition ignatienne*
*Initiations*

LES ÉDITIONS DU CERF            MÉDIASPAUL
PARIS                           MONTRÉAL
1995

Les citations scripturaires sont empruntées à la Bible de Jérusalem.

*Imprimi potest*
John A. Privett, s.j.
provincial de la province de Californie
Los Gatos (Californie)
1ᵉʳ novembre 1993

*Titre original* : Let all God's glory through

© *Province des Pays-Bas de la Compagnie de Jésus*, 1995
(Amaliastraat 13 — N1-2514 JC Den Haag — Pays-Bas)

© *Les Éditions du Cerf*, 1995, pour la traduction française
(29, boulevard Latour-Maubourg — 75340 Paris Cedex 07)

ISBN 2-89420-300-4 (Médiaspaul)
ISBN 2-204-05213-2 (Cerf)
ISSN en cours

Tous droits réservés. La loi du 11 mars 1957 interdit les copies ou reproductions destinées à une utilisation collective. Toute représentation ou reproduction intégrale ou partielle faite par quelque procédé que ce soit, sans le consentement de l'auteur et de l'éditeur, est illicite et constitue une contrefaçon sanctionnée par les articles 425 et suivants du Code pénal.

# AVANT-PROPOS

Comment mettre plus de cohérence entre notre foi chrétienne et notre vie de tous les jours ? Comment les vivre dans l'unité ? La foi semble se retirer de plus en plus dans le petit espace limité de la vie privée. Cet abîme grandissant entre la foi et la vie constitue pour beaucoup de chrétiens un problème majeur. Face à l'appauvrissement qui en résulte pour notre vie personnelle et pour le monde moderne, que faire pour que les progrès et les problèmes de notre temps fécondent notre foi ? Que faire pour que la paix, la joie et la force de l'Évangile envahissent davantage notre monde ?

Jésus compare le Royaume des Cieux « à du levain qu'une femme enfouit dans trois mesures de farine jusqu'à ce que toute la pâte ait levé » (Mt 13, 33). Ailleurs Jésus se présente comme « la lumière du monde » (Jn 8, 12), celle qui « luit dans les ténèbres » et « éclaire tout homme » (Jn 1, 5.9). Cette lumière divine manifestera d'autant plus de vigueur et de clarté que nous lui serons plus transparents. Les méditations de ce petit livre se proposent de tracer des chemins conduisant vers plus de cohérence et de transparence, afin qu'il y ait plus de foi dans nos vies et plus de vie dans notre foi.

Ces réflexions sont le fruit de l'expérience partagée par un grand nombre de personnes, en particulier par les jésuites venus à Berlin au cours de ces huit dernières années pour y accomplir leur troisième an ; d'où la référence plus explicite aux écrits de saint Ignace, que les lecteurs de mes précédents ouvrages ne manqueront pas de remarquer.

Je remercie tous ceux qui m'ont accordé leur confiance en partageant avec moi leur foi et leurs difficultés.

# PREMIÈRE PARTIE

# SOUS LE REGARD DE DIEU

## CHAPITRE PREMIER

## TOURNE VERS MOI TON REGARD, MON DIEU, QUE JE PUISSE T'AIMER

Lors d'un partage célébré au sein du mouvement Marriage Encounter une femme dit : « Quand mon mari me regarde, je me sens grandie et je suis plus riche que quand je me regarde moi-même ! je sens tellement plus de possibilités en moi ! », et son mari d'ajouter : « Quand le regard plein d'amour de ma femme se pose sur moi, je me sens grandir intérieurement, ce qui n'est pas du tout le cas quand je me regarde dans un miroir ! »

Ce n'est pas là une expérience extraordinaire. De fait, Jean Vanier définit ainsi l'amour : « Aimer, c'est révéler à l'autre sa propre beauté. » Saint Ignace exploite la même veine lorsqu'il nous suggère de commencer notre prière par une pause pour prendre conscience du regard de Dieu sur nous. « À un ou deux pas de l'endroit où je dois méditer ou contempler, me mettre debout pendant le temps d'un *Pater noster*. L'esprit levé vers le haut, considérer comment Dieu, notre Seigneur, me regarde, etc. ; et faire un acte de respect ou d'humilité » (ES 75[1]).

La forme que prendra ce petit rituel variera selon les per-

---

1. Le sigle ES renvoie aux *Exercices spirituels* de saint IGNACE DE LOYOLA ; le numéro qui est suit est celui de l'exercice. Nous citons d'après la traduction de François Courel s.j. (Desclée de Brouwer, coll. « Christus », Paris, 1960).

sonnes et sera ouverte à la créativité et à la dévotion de chacun et de chacune. Il y a beauoup de manières de revivifier la conscience du regard de Dieu sur nous. Une liturgie personnelle où le corps et l'âme participent tous deux à l'acte de la prière peut être d'un grand secours pour approfondir l'authenticité et le recueillement de notre oraison. Un rite de ce genre contribuera notamment à réduire les distractions. Le regard de Dieu, plein d'amour, qui nous accueille et nous accepte, doit en tout cas être au cœur de cette liturgie personnelle d'introduction ; de même un geste qui vienne du cœur pour exprimer notre respect et notre révérence. Voilà ce que nous suggère la sagesse de saint Ignace.

Il est utile de consacrer parfois un temps plus long uniquement à prendre conscience du regard de tendresse et d'amour que Dieu pose sur nous ; n'étouffons pas alors ce qui monte à notre conscience : joies, peines, succès, défaillances, rêves, projets, inquiétudes, désirs ; tout cela, il faut l'accueillir tranquillement en notre esprit, tout en le confiant à Dieu. Au cœur de cette prière il y a simplement ceci : Dieu me regarde avec amour et délectation, il se réjouit de ma présence. C'est cette certitude qu'expriment ces paroles du prophète Sophonie (3, 17-18) :

> Yahvé ton Dieu est au milieu de toi,
> héros sauveur !
> Il exultera pour toi de joie,
> il te renouvellera par son amour ;
> il dansera pour toi avec des cris de joie,
> comme aux jours de fête.

Le prophète évoque l'image d'un Dieu qui danse de joie (c'est la traduction de la Bible de Jérusalem), et qui danse de joie pour nous. Notre prière sera alors de savourer cette tendresse et cette joie de Dieu et de nous réchauffer à la chaleur de cet amour. Nous demanderons la grâce de nous tenir en présence de Dieu, sans peur, dans un sentiment de profonde vénération.

Au chapitre 16 du livre de la Genèse, Agar, la servante de Sara, poussée au désespoir par les mauvais traitements que lui inflige sa maîtresse, s'enfuit au désert. C'est là, dans cette situation vraiment tragique, que Yahvé lui apparaît et lui promet d'exaucer généreusement toutes ses prières. Aussi Agar l'appelle-t-elle dès lors El Roï, « le Dieu qui me voit » et, jubilante, elle s'écrie : « Ai-je encore vu ici après celui qui me voit ? » Notre situation n'est probablement pas aussi extrême que celle d'Agar, et sans doute ne nous est-il pas donné à nous de voir Dieu ; nous pouvons néanmoins être sûrs que Dieu nous voit avec nos heurs et nos malheurs. Pour nous aussi il est « le Dieu qui nous voit ».

Dans le psaume 80, nous demandons trois fois à Dieu comme en refrain : « Fais luire ta face et nous serons sauvés. » Ici nulle crainte, mais seulement la certitude que le regard de Dieu nous apportera le secours. De même le psaume 33 (18-19) exprime la conviction de foi que Dieu veut nous faire vivre :

> Voici, l'œil de Yahvé est sur ceux qui le craignent,
> sur ceux qui espèrent son amour,
> pour préserver leur âme de la mort
> et les faire vivre au temps de la famine.

Au psaume 139 (13-15) le regard vivifiant de Dieu se fait plus intime :

> C'est toi qui m'as formé les reins,
> qui m'as tissé au ventre de ma mère ;
> je te rends grâces pour tant de prodiges :
> merveille que je suis, merveille que tes œuvres.
>
> Mon âme, tu la connaissais bien,
> mes os n'étaient point cachés de toi,
> quand je fus façonné dans le secret,
> brodé au profond de la terre.

Ces psaumes, comme tant d'autres, expriment une certitude profondément enracinée dans le cœur de ceux qui prient, et qui n'a cessé de se transmettre de génération en génération, à savoir que le regard de Dieu est divinement bienfaisant et qu'il est salutaire de demeurer sous ce regard. La méditation de ces versets nous aidera à surmonter cette crainte négative de Dieu dont nous sommes imprégnés et dont il est si difficile de se défaire.

Saint Augustin demande avec une grande confiance : *aspice me ut diligam te* (tourne vers moi ton regard que je puisse t'aimer). Ce sera un regard serein, Augustin n'en doute pas, et qui fera s'épanouir ce qui en nous est le meilleur : l'amour pour notre Dieu.

Une cistercienne flamande, la bienheureuse Béatrice de Nazareth († 1268), demande dans l'une de ses prières simples mais profondes :

> Apprends-moi, mon Dieu, à prier,
> Tu vois tout,
> Tu entends tout,
> Tu sais tout,
> Tout ce qui me touche te touche
> et tu partages tout ce que je vis,
> Car tu es mon compagnon et mon bien-aimé.
> Pour toi rien n'est caché,
> Ton amour pour moi est lumière,
> Et c'est dans cette lumière que tu vois tout.

Oui, Dieu voit et sait toutes choses, mais toujours dans la lumière de son amour infini. Tant de gens se sentent seuls, abandonnés, ignorés, sans personne qui les voie ou les entende, sans personne avec qui partager leurs peines et leurs joies : ironie tragique, puisque, au même moment, quelqu'un se tient à leur porte et frappe, quelqu'un qui veut entrer et partager leur repas (voir Ap 3, 20). Or ce visiteur les connaît parfaitement dans la lumière de son bienveillant amour.

Le 5 avril 1835, John Henry Newman, alors vicaire de la

paroisse universitaire anglicane de St. Mary the Virgin à Oxford, prononça une remarquable homélie, restée célèbre, sur le thème : « Une providence particulière, vérité révélée par l'Évangile. » À la fin du sermon, il dit :

> Dieu te regarde, toi, tout personnellement, tel que tu es. Il t'appelle par ton nom. Il te voit, il te comprend, ne t'a-t-il pas façonné ? Il sait ce qui se passe en toi, les pensées et les sentiments qui te sont propres, tes dispositions, tes goûts, ta force et ta faiblesse. Il te voit en tes jours de joie ou de tristesse. Il s'émeut de tes espoirs et de tes tentations. Il prend part à toutes tes anxiétés, à tous tes souvenirs, à tous les hauts et les bas de ton humeur. Il a vraiment compté les cheveux de ta tête, les coudées de ta taille. Il t'entoure et te porte dans ses bras, il te soulève et te pose à terre. Il lit sur ton visage le sourire ou les larmes, la santé ou la langueur. Il regarde avec tendresse tes mains et tes pieds, il écoute ta voix, le battement de ton cœur, le souffle de ta respiration. Tu ne peux t'aimer mieux qu'il ne t'aime.

Spontanément, j'ajouterai à cette dernière phrase que Dieu n'a aucun mal à nous aimer plus que nous ne nous aimons nous-mêmes, car nombreux sont ceux qui ne s'aiment guère, et qui, pour combler ce manque, ont sans cesse besoin de l'approbation d'autrui ou d'une grande complaisance envers eux-mêmes. Prendre conscience que Dieu ne cesse de nous couvrir de son regard d'amour serait beaucoup plus efficace.

Dieu connaît aussi toute notre ombre, mais cette connaissance est portée également dans un regard d'amour ; or cette certitude d'être aimés peut nous aider à accepter et à intégrer cette ombre. À notre surprise, nous découvrons alors — comme le remarque C.G. Jung —, qu'elle est de l'or à quatre-vingt-dix pour cent ! Oui, Seigneur, « fais luire ta face et nous serons sauvés ! » (Ps 80).

Nous craignons tous de n'être pas compris. Cette crainte naturelle peut nous faire jouer un rôle destiné à nous protéger ou encore à nous cacher derrière un masque censé nous procurer une certaine sécurité. Or le message libérateur est celui-ci : nous n'avons pas besoin de masque devant Dieu, car lui, nous connaît déjà, nous comprend et nous accepte.

« Ton amour pour moi est lumière, et c'est dans cette lumière que tu vois tout. » Avec Dieu nous pouvons être vrais totalement et sans réserve. C'est une des grâces de la prière : il n'est pas indispensable qu'elle soit pieuse, mais elle peut et doit être vraie. Il est vital pour nous d'exposer toutes choses au regard de Dieu, les bonnes comme les mauvaises et la grisaille de l'entre-deux. Cette honnêteté est une garantie de santé spirituelle.

Quand nous sommes désorientés, perplexes ou inquiets, ce nous est un grand réconfort de savoir que quelqu'un connaît tout de nous, lit en nous avec une parfaite clarté, et que ce quelqu'un ne nous abandonnera jamais : au contraire, il nous soutiendra avec une inlassable fidélité, tels que nous sommes et non tels que nous devrions être. Surestimés, nous nous sentons mal à l'aise ; poussés au-delà de nos possibilités, nous risquons de nous décourager. Sous-estimés, au contraire, nous nous sentons offensés et enclins à nous affirmer. Comme il est rare d'être jugé à sa juste valeur !

Dans un poème écrit lors de son incarcération par les nazis dans l'infâme prison de Berlin Tegel, Dietrich Bonhoeffer exprime très clairement ce conflit intérieur. La plupart de ses lettres et écrits de prison témoignent d'une pensée profonde et souvent novatrice — ce poème révèle quelque chose de ses sentiments les plus intimes. Dans le dernier vers, Bonhoeffer nous livre discrètement le secret de la force intérieure qui le soutient dans sa cruelle épreuve.

Qui suis-je ?

Qui suis-je ? Souvent ils me disent
Que de ma cellule je sors
Détendu, ferme et serein,
Tel un gentilhomme de son château.

Qui suis-je ? Souvent ils me disent
Qu'avec mes gardiens je parle
Aussi librement, amicalement et franchement
Que si j'avais à leur donner des ordres.

Qui suis-je ? De même ils me disent
Que je supporte les jours de l'épreuve,
Impassible, souriant et fier,
Ainsi qu'un homme accoutumé à vaincre.

Suis-je vraiment celui qu'ils disent ?
Ou seulement cet homme que moi seul connais,
Inquiet, malade de nostalgie, pareil à un oiseau en cage
Cherchant mon souffle comme si on m'étranglait,
Avide de couleurs, de fleurs, de chants d'oiseaux,
Assoiffé de bonnes paroles et d'une espérance humaine,
Tremblant de colère au spectacle de l'arbitraire et de l'offense la
[plus mesquine,
Agité par l'attente de grandes choses,
Craignant et ne pouvant rien faire pour des amis infiniment lointains,
Si las, si vide que je ne puis prier, penser, créer,
N'en pouvant plus et prêt à l'abandon.

Qui suis-je ? Celui-là ou celui-ci ?
Aujourd'hui cet homme et demain cet autre ?
Suis-je les deux à la fois ?
Un hypocrite devant les hommes

Et devant moi un faible, misérable et piteux ?
Ou bien ce qui est encore en moi ressemble-t-il à l'armée vaincue
Qui se retire en désordre devant la victoire déjà remportée.
Qui suis-je ? Dérision que ce monologue !
Qui que je sois, tu me connais :
Tu sais que je suis tien, ô Dieu[1] !

Le regard aimant de Dieu ne nous donne pas seulement conscience de notre valeur véritable, il fait naître de surcroît

---

1. *Résistance et Soumission. Lettres et Notes de captivité*, Labor et Fides, Genève, 1963, p. 164.

en nous un sentiment de sécurité, qui souvent nous permet de dépasser nos limites, et ainsi d'enrichir et d'épanouir toujours davantage nos existences. Le regard de Dieu qui embrasse toutes choses met nos talents en valeur et augmente nos capacités, qui sans cela seraient restées endormies.

Le meilleur exemple en est assurément Jésus lui-même. La sécurité que lui donnait l'unité avec son Père le rendait capable de nouer des liens d'amitié avec les autres, mais aussi de leur manifester à l'occasion sa désapprobation et de maintenir sa position en un conflit loyal. Dans l'un et l'autre cas, il cherchait à faire éclore chez son interlocuteur le meilleur de lui-même. Oui, le regard de Dieu est vraiment créateur au sens propre du terme, comme l'exprime si bien Romano Guardini dans cette prière :

> Sans cesse je me reçois de tes mains.
> C'est là ma vérité et ma joie,
> Sans cesse tes yeux sont posés sur moi
> Et je vis de ton regard,
> Toi, mon créateur et mon salut.
> Apprends-moi, dans le silence de ta présence,
> À saisir le mystère que je suis,
> Et que j'existe par toi, devant toi et pour toi [1].

C'est dans le regard de Dieu que nous rencontrons l'amour : l'amour de Dieu qui nous a appelés à l'existence, et notre amour pour Dieu, qu'il veut de plus en plus ardent car c'est là l'accomplissement de notre existence. Ce que l'Ancien Testament dit de l'alliance entre Yahvé et son peuple élu, le Nouveau Testament en étend l'application à chaque personne particulière. Chacun d'entre nous peut se l'appliquer de manière très personnelle. On lit ainsi dans Ézéchiel : « Alors je passai près de toi et je te vis. C'était ton temps, le temps des amours » (16, 8) et dans le Cantique des Cantiques : « Je suis à mon bien-aimé et vers moi se porte son désir » (7, 11). Au

---

1. *Theologische Gebete*, Joseph Knecht Verlag, Francfort, 1960, p. 14.

début d'une retraite, il arrive que des retraitants passent plusieurs heures, voire plusieurs jours à méditer sur ce seul dernier demi-verset. S'ouvrir dans la foi à ces mots, les prendre vraiment pour soi, c'est accéder à une largeur et une profondeur qui comblent et libèrent. Un autre exemple bien connu : le texte d'Osée (2, 16) où Yahvé dit :

> C'est pourquoi je vais la séduire,
> la conduire au désert
> et parler à son cœur.

Le mot « séduire » signifie faire tout ce qui est en notre pouvoir pour éveiller l'amour d'une autre personne, mais sans lui faire violence. Dieu désire notre amour ! Nous avons du prix — oui, nous avons beaucoup de valeur à ses yeux. Nous comptons tellement pour lui — oui, tellement !

Dieu ne nous fait pas violence pour nous conquérir, car on ne peut obtenir de force un amour véritable, mais il cherche par tous les moyens à nous exprimer son amour et à susciter le nôtre, comme dans le livre d'Osée (2, 21-22) :

> Je te fiancerai à moi pour toujours,
> je te fiancerai à moi dans la justice et dans le droit,
> dans la tendresse et la miséricorde ;
> Je te fiancerai à moi dans la fidélité,
> et tu connaîtras Yahvé.

L'alliance que Dieu désire est évoquée dans des images suggérant une grande intimité entre lui et nous.

Jésus rend visible le regard aimant de Dieu. C'est ainsi que Marc, à propos du jeune homme riche, dit : « Alors Jésus fixa sur lui son regard et l'aima » (10, 21). La pécheresse savait elle aussi, pour l'avoir lu dans son regard avant que Jésus ait prononcé un seul mot, qu'il ne la condamnait pas, qu'elle pouvait ôter son masque devant lui, ce qu'elle fit alors avec abandon (Lc 7, 36-50). Quand Jésus demande à la femme adultère, que les pharisiens veulent lapider, si l'un d'entre eux l'a condamnée, et ajoute : « Moi non plus je ne te condamne pas » (Jn 8, 11), elle voit sans doute dans ses yeux le ciel ouvert. Le regard de Jésus peut aussi faire naître la contrition. Judas, hélas ! s'est rendu imperméable à ce regard ; Pierre, lui, y trouve le salut : « Le Seigneur, se retournant, fixa son regard sur Pierre. Et Pierre se ressouvint de la parole du Seigneur, qui lui avait dit : "Avant que le coq ait chanté aujourd'hui, tu m'auras renié trois fois." Et, sortant dehors, il pleura amèrement » (Lc 22, 61-62).

Un commentaire plein de finesse de ce dernier passage nous est donné par Anthony de Mello s.j. ; ce sera la conclusion de ce chapitre :

> Mes relations avec le Seigneur étaient assez bonnes. Je lui demandais des choses, conversais avec lui, chantais ses louanges, lui rendais grâce. Mais tout le temps j'avais la sensation désagréable qu'il voulait que je le regarde dans les yeux... Et je n'osais pas. Je lui parlais, mais j'évitais son regard, dès que je sentais qu'il me fixait.
> J'évitais toujours son regard. Et je savais pourquoi : j'avais peur ! Je craignais d'y découvrir une accusation pour quelque faute non regrettée ; je croyais y découvrir quelque exigence ou une chose qu'il attendait de moi.
> Un beau jour, je pris mon courage à deux mains et regardai ! Il n'y avait aucune accusation, aucune demande. Les yeux disaient simplement : « Je t'aime. » Je fixai longuement ces yeux, je les scrutai. Mais toujours l'unique message était : « Je t'aime. » Puis, comme Pierre, je sortis et je pleurai [1].

---

1. *Comme un chant d'oiseau*, Desclée de Brouwer, Paris, et Bellarmin, Montréal, 1984, p. 123.

# DEUXIÈME PARTIE

# AUX PRISES AVEC LE MAL

# CHAPITRE II

# DIEU TENU À DISTANCE

L'histoire d'Anthony de Mello nous touche au cœur, car elle exprime clairement ce que chacun ressent. Nous éprouvons le profond désir d'une véritable intimité avec Dieu, et nous disons avec saint Augustin : « Notre cœur est sans repos jusqu'à ce qu'il repose en toi. » C'est que chacun aspire à être aimé inconditionnellement ; or Dieu est amour, il est précisément cet amour inconditionnel auquel notre cœur aspire.

Mais la tendance inverse existe aussi : nous avons peur de Dieu et nous évitons une proximité trop grande avec lui. Plutôt que d'entrer vraiment dans son intimité, nous préférons nous contenter de relations « assez bonnes » avec lui. Nous nous persuadons que c'est bien suffisant. Combien de personnes ne tiennent-elles pas Dieu à une distance respectueuse ? D'une manière ou d'une autre, nous trouvons des accommodements entre notre désir et notre refus de Dieu : « Nous lui demandons des choses, nous conversons avec lui, nous chantons ses louanges, lui rendons grâce... » et nous le tenons à distance. Nous désirons l'amour de Dieu et, à la fois, nous le fuyons : c'est qu'il ne nous est pas facile de nous laisser aimer vraiment de cette divine manière. Nous y aspirons et en même temps nous fuyons.

Ces deux mouvements, toutefois, ne se réalisent pas avec le même degré de conscience. Je présume que, pour la plupart des lecteurs de ces pages, la fuite loin de Dieu est plutôt cachée, refoulée et souvent inconsciente, alors que le mouvement vers Dieu est plus délibéré et volontairement entretenu. Ce double mouvement se trouvera sans doute dans une proportion inverse chez beaucoup de personnes, mais alors, elles ne choisiront pas un livre comme celui-ci. Le contraire de l'amour est plutôt l'indifférence que la haine. Or c'est justement dans cette apathie que se cache la résistance que nous opposons tous à Dieu. Même de bons chrétiens organisent leur vie de telle sorte que Dieu n'y joue en fait qu'un rôle limité. Il est vraisemblable que beaucoup ne s'en rendent pas compte, et qu'ils seraient effrayés s'ils pouvaient voir comment ils se comportent en réalité. Nous pouvons nous considérer comme des personnes pieuses, parler souvent de Dieu (ou peut-être rarement), participer à des activités religieuses, offrir volontiers nos services en cas de besoin, prendre le temps de prier, et même aller chaque jour à la messe, il n'en reste pas moins que c'est la fuite loin de Dieu qui domine notre vie beaucoup plus que nous ne voulons l'admettre. Même si nos vies débordent d'activités religieuses, elles n'accordent que peu de place à Dieu. Le grand malheur alors, c'est que nous ne voyons même pas que c'est notre activisme spirituel qui nous tient loin de Dieu. Nos occupations pieuses nous permettent de construire un rempart efficace contre l'amour inconditionnel de Dieu, qui, nous le sentons intuitivement, nous imposerait finalement une reddition totale. C'est ainsi que la religion peut nous servir à nous défendre de Dieu[1].

Si nous sommes sincèrement décidés à laisser Dieu entrer dans nos vies, à lui permettre d'être vraiment Dieu chez nous, beaucoup de nos manières de voir et d'agir devront changer. Or, sans l'admettre explicitement (et même en prétendant le contraire), nous ne sommes pas prêts à ce changement. Aussi

---

1. Pour certains théologiens protestants, dont Karl Barth et ceux de l'Église confessante, la religion est l'antithèse de la foi. C'est dans cette tradition que Bonhoeffer, en bonne logique, demande un christianisme sans religion.

tenons-nous prudemment Dieu à distance à l'aide de toutes nos pieuses pratiques. Plus nous nous approchons de Dieu, plus nous découvrons quelle barricade nous avions élevée entre lui et nous. Nous nous cramponnons à nos activités, à nos relations, à notre carrière, à notre réputation, à nos convictions, à notre apparence, à notre santé. Trouvant sécurité et une certaine valorisation de nous-mêmes dans ces dérivatifs, nous nous y retranchons. Nous perdons ainsi la liberté de laisser Dieu être Dieu et de faire du Royaume notre absolue priorité.

*Convertissez-vous.*

Jésus, dans son ministère public, attaque de front cette attitude. Dans l'évangile de Marc, les premiers mots qu'il prononce sont : « Le temps est accompli et le Royaume de Dieu est tout proche : convertissez-vous et croyez à l'Évangile. » Ce message veut certes être un message d'encouragement, mais ce petit mot « convertissez-vous » au milieu du texte n'en est pas moins peu agréable à entendre : il appelle, avec fort peu de ménagements, à un profond changement de cœur et de conduite. On peut essayer de l'édulcorer par des raisonnements, en expliquant par exemple que ces mots se trouvent au début de la prédication de Jésus, et chacun sait que les débutants se fourvoient parfois. Mais la vérité est que, durant tout son ministère, Jésus ne cesse de souligner la nécessité de la conversion. Ce thème revient constamment dans sa prédication. La conversion demeure la première exigence de l'Évangile, et pas seulement d'un point de vue chronologique.

Prenons par exemple l'évangile de saint Luc. Nous y trouvons le récit où des gens viennent à Jésus bouleversés parce que Pilate a fait mettre à mort des Galiléens et mêler leur sang à celui des bêtes qu'ils voulaient sacrifier. Pour les juifs, le sang, véhicule de la vie, est sacré (voir Lv 17, 14). Le livre du Lévitique donne donc des prescriptions très précises sur la manière de traiter le sang. Pour la sensibilité juive, mélanger du sang humain, pour ne pas parler du sang juif, avec du sang d'animal est donc un sacrilège extrêmement choquant. Les gens qui, dans leur colère, viennent trouver Jésus, pensent sans doute que la limite est maintenant dépassée, et que le moment est venu de se révolter contre les Romains. Or Jésus ne réagit pas comme eux. Certes, il appelle à une révolution : non pas cependant contre la domination étrangère des Romains, mais bien plutôt contre celle du mal dans le cœur de l'homme. C'était et cela demeure une révolution bien plus radicale : « Pensez-vous que, pour avoir subi pareil sort, ces Galiléens fussent de plus grands pécheurs que tous les autres Galiléens ? Non, je vous le dis, mais si vous ne faites pénitence, vous périrez tous pareillement. » Et Jésus ajoute : « Ou ces dix-huit personnes que la tour de Siloé a tuées dans sa chute, pensez-vous que leur dette fût plus grande que celle de tous les hommes qui habitent Jérusalem ? Non, je vous le dis ; mais si vous ne voulez pas vous repentir, vous périrez tous de même » (Lc 13, 2-5).

Dans le texte de Luc, nous trouvons ensemble la parabole consolante du figuier stérile dans le verger. Le jardinier intercède pour cet arbre sans fruits : « Maître, laisse-le cette année encore, le temps que je creuse tout autour et que je mette du fumier. Peut-être donnera-t-il des fruits à l'avenir... » Mais, malgré sa tendre sollicitude, il ne peut s'empêcher d'ajouter : « Sinon tu le couperas » (Lc 13, 8-9).

Le passage suivant, dans la subtile composition de saint Luc, rapporte la guérison d'une femme infirme depuis dix-huit ans, toute courbée et incapable de redresser son dos déformé. Le message premier de ce texte est sans doute que le sabbat est fait pour l'homme et non l'homme pour le sabbat. Cependant, il est significatif que ce soit par cette guérison-là que le Fils de l'Homme brise l'interprétation bornée et peu charitable que certains pharisiens donnent du sabbat. Cette femme, doublement courbée sous le fardeau de son corps et du jugement des autres, ne peut plus se redresser. Elle vit dans un monde fermé qui lui interdit toute perspective. Elle ne peut voir que ses pieds. Pour les autres, elle n'est jamais qu'une inférieure, pratiquement incapable de les regarder en face ; c'est toujours à elle d'essayer péniblement de lever les yeux, sans parler des souffrances corporelles qu'elle a dû endurer tout au long de ces dix-huit années. Dès le début, la tradition a interprété son infirmité comme un symbole du péché, l'homme pécheur étant courbé vers la terre et enfermé en son moi[1]. La conversion rend donc à l'homme courbé par le péché sa position debout, sa stature originelle, sa dignité de personne humaine ; tel est ici le message de l'évangéliste. Luc décrit ainsi en termes parlants et même frappants la libération et l'épanouissement qu'apporte la conversion.

Cette triple péricope est loin d'être le seul passage où Luc insiste sur la conversion, *metanoïa* en grec. Alors que Jésus va entrer dans Jérusalem, le jour des Rameaux, accompagné d'une foule enthousiaste qui l'acclame, il se met soudain à pleurer sur cette ville, parce qu'elle n'a pas voulu reconnaître le message de paix qui lui est apporté (Lc 19, 41-44). Cinq jours plus tard, Jésus, chargé de sa croix, sort de la ville pour accomplir sa passion « hors de la porte » (He 13, 12) ; en chemin, il dit aux femmes de ne pas pleurer sur lui, mais sur elles-mêmes et sur leurs enfants, et là encore il les appelle à la conversion (Lc 23, 27-31). Jésus, à son entrée dans la ville au début de la Semaine sainte, lance un appel pressant à la conversion ; avec la même demande instante il quitte la ville le jour de sa mort. Si donc notre méditation du chemin de croix ne change rien à notre propre chemin de vie, si elle ne nous pousse pas à la conversion, c'est que notre dévotion reste trop sentimentale, qu'elle manque d'engagement authentique. Plonger de toute son âme dans le souvenir de ce qu'a fait Jésus est une aventure pleine de risques.

Juste avant l'Ascension, Jésus, pour la dernière fois, envoie ses disciples en mission. Le thème de la conversion est à nou-

---

1. Par exemple saint Augustin : « *Cor incurvatum in seipsum* » (un cœur replié sur lui-même) ; saint Bonaventure : « *Libertas recurvata in seipsam* » (une liberté refermée sur elle-même) ; ainsi que Martin Luther : « *Homo incurvatus in seipsum* » (une personne qui ramène tout à soi).

veau au centre de son message : « Ainsi est-il écrit que le Christ souffrirait et ressusciterait d'entre les morts le troisième jour, et qu'en son Nom le repentir en vue de la rémission des péchés serait proclamé à toutes les nations, à commencer par Jérusalem » (Lc 24, 46-47). Les Actes nous rapportent plusieurs discours importants des apôtres Pierre et Paul. Tous, sans exception, se terminent par un appel à la conversion en vue du pardon des péchés. On voit par là combien les apôtres ont pris au sérieux l'ultime mandat qui leur a été confié.

Saint Paul écrit dans la lettre aux Romains : « Méprises-tu ses richesses de bonté, de patience, de longanimité sans reconnaître que cette bonté de Dieu te pousse au repentir ? » (2, 4). C'est la bonté de Dieu et non sa colère qui est à l'origine de la conversion. La conversion n'est ni une punition, ni un appauvrissement, elle est vie nouvelle et épanouissement ; elle fait grandir la conscience que nous avons de nous-mêmes et de notre dignité, comme le montre la guérison de la femme courbée. Oui, en Jésus la bonté de Dieu nous mène à la conversion. Jésus, c'est exactement cela.

Notre attitude négative à l'égard de la conversion n'est que la pointe de l'iceberg. Notre résistance a de profondes racines, et il faut ordinairement beaucoup de temps pour la surmonter. Nous devons nous laisser peu à peu pénétrer par la force libératrice de la conversion.

# CHAPITRE III

# MÉTANOÏA

Bien des textes de l'Écriture pourraient nourrir notre réflexion sur la métanoïa, qui est vraiment un des mots clés et sans cesse répétés de la Bonne Nouvelle. En nous, bien des mécanismes de défense s'opposent à cet appel que nous lance la Bible ou tentent d'en diluer la force. On cherche par exemple à présenter la métanoïa comme une expérience unique dans la vie, faite une fois pour toutes, ou encore comme quelque chose de très important... pour les autres ! Les subterfuges ne manquent pas, et l'on a souvent l'impression que le seul point vraiment indiscutable sur lequel s'entendent les progressistes et les traditionalistes, c'est l'urgence de la conversion de l'autre. Tant de discussions n'aboutissent qu'à la conclusion que l'autre personne ou l'autre groupe devrait se convertir. Ce n'est pas là une base solide pour une collaboration féconde à l'édification de l'Église. Un proverbe d'Afrique orientale dit : « Le mal est comme une colline ; chacun se tient sur la sienne et montre l'autre du doigt. »

Que de fois nous choisissons, parmi tous les articles et les livres théologiques qui nous sont proposés, ceux qui, nous confirmant et nous rassurant dans notre manière de vivre, ne risquent pas de nous provoquer à une conversion ! Rabbi Bunam disait avec raison : « La grande faute des hommes, ce ne sont pas les péchés qu'ils ont commis ; après tout la tentation est si forte, et notre force est si faible ! La grande faute c'est qu'alors que nous pouvons à chaque instant nous convertir, nous ne le faisons pas. » Jadis, une spiritualité malsaine a pu inculquer une fausse culpabilité, et par là causer bien des souffrances et des dommages spirituels. Mais aujourd'hui, le refoulement de la culpabilité et de notre besoin de métanoïa semble un danger plus grand encore, capable d'apporter dans notre monde plus de misère que l'enfer de feu et de soufre dont nous menaçaient les imprécations des sermons d'antan.

La repentance nous demande des sacrifices, cela est indubitable, mais n'oublions pas qu'en faisant la sourde oreille à cet appel, nous nous exposons à une souffrance pire que celle que nous aurait causée la métanoïa. Nous exerçons parfois une incroyable pression sur nous-mêmes, uniquement pour échapper à une conversion nécessaire et libératrice. En fait, en tournant le dos à la conversion, nous nous infligeons à nous-mêmes et aux autres bien des peines et des tourments inutiles. Se convertir n'est pas étouffer sa personnalité, au contraire ! Accepter la métanoïa, c'est permettre à notre personnalité d'atteindre son plein développement dans la force de l'Évangile. Elle nous aide à vaincre notre pusillanimité et à devenir la personne que nous sommes appelés à être, en puisant aux sources même de la vie. Dieu ne veut pas nous empêcher de grandir, c'est sa gloire que nous portions beaucoup de fruits (Jn 15, 8) par une vie vraiment digne de ce nom. Dieu, qui a de nous une bien plus haute idée que nous-mêmes, veut mettre en valeur nos dons les plus précieux (voir Mt 5, 14-16). Notre créateur nous a appelés à l'existence avec un immense désir, un immense amour. En lui nulle petitesse. Le repentir fait naître en nous une nouvelle conscience de notre grandeur et de notre valeur, sans parler des effets bienfaisants sur nos familles et nos communautés : plus de compréhension, de pardon, de gentillesse, d'encouragement.

L'amour a beaucoup de noms, la métanoïa en est un.

*Topographie de la métanoïa.*

Si l'on esquissait un schéma de la structure de notre personnalité, la conversion se situerait dans trois zones.

Elle naît tout d'abord au plus profond de notre être, caractérisé par cette phrase de la Genèse, reprise quatre fois et omise le deuxième jour : « et Dieu vit que cela était bon ». Le sixième jour renforce : « Dieu vit tout ce qu'il avait fait : cela était très bon » (Gn 1, 31). Le cœur profond est le lieu où nous gardons la parole de Jésus ; c'est pourquoi lui et le Père y font leur demeure. C'est « la fine pointe de l'âme », où Dieu ne rencontre aucune entrave et où Jésus nous invite à demeurer (voir Jn 15, 9). C'est dans ce tréfonds de notre être que le Royaume de Dieu est présent, au milieu de nous (voir Lc 17, 22). Là règnent la paix et un silence fécond.

Ensuite, autour de ce noyau, se trouve une zone de chardons et de ronces, de sueur et de peine, de vide et de solitude. Là règnent l'ennui, le non-sens, la colère et l'angoisse, là domine l'incompréhension, la nôtre et celle des autres envers nous ; la charité est absente, c'est le domaine de la culpabilité, de l'amertume et de la haine.

Au-dessus de celle-ci, une troisième zone : le rempart protecteur que l'homme s'est construit pour se défendre de la peine et de la détresse. C'est un rembourrage épais que constituent la possession, la consommation, la carrière, les honneurs et le prestige ; souvent cette enveloppe renferme de surcroît une bonne part de religion. Surmenage, alcool et drogues peuvent aussi y avoir leur place. À vrai dire, la plupart de ces éléments sont ambivalents ; ils peuvent tout aussi bien nous conduire à notre vrai moi et à Dieu que nous en éloigner. C'est le domaine de l'ambiguïté : ni chaud ni froid, ni oui bien net, ni non bien résolu. Il existe des gens qui, délibérément, ne vivent que dans cette seule zone.

La métanoïa consiste à entreprendre le voyage de cette zone superficielle vers le fond du cœur. Nous savons tous que c'est le plus long voyage qu'un être humain puisse faire. Après la joie initiale de nous être enfin décidés à l'entreprendre, la route ne tarde pas à nous mener dans la zone de peine et de détresse. Il faut être fermement déterminé à ne pas esquiver la souffrance, si l'on veut atteindre ce noyau central, comme Jésus qui n'a pas reculé devant sa Passion lorsqu'il eut la certitude qu'elle faisait essentiellement partie de sa mission. Il ne peut y avoir de vraie conversion ni de vraie rédemption si l'on n'est pas disposé à souffrir. Jésus disait à ses disciples : « Si quelqu'un veut venir à ma suite, qu'il se renie lui-même, qu'il se charge de sa croix, et qu'il me suive. Qui veut en effet sauver sa vie la perdra, mais qui perd sa vie à cause de moi la trouvera » (Mt 16, 24-25). Toutefois, la croix n'est féconde dans notre vie que si nous l'acceptons. Dans le cas contraire, elle ne produit que des sentiments de mécontentement, d'apitoiement sur nous-mêmes et souvent d'amertume. Voilà pourquoi les mots de la Cène que l'on répète à chaque messe sont si lourds de sens : « Ceci est mon corps livré pour vous. » Toute personne qui porte ainsi sa croix suit Jésus dans le Royaume où il vit en nous, où nous sommes nous aussi un avec le Père, et où jaillit la source de vie. Alors notre affectivité, ce talent précieux que Dieu a déposé dans nos cœurs, sera bien orientée, et nous éprouverons instinctivement de l'attirance pour tout ce qui est bon et de l'aversion pour tout ce qui est mal.

### *En quoi consiste concrètement la métanoïa ?*

La théologie biblique nous enseigne que la métanoïa est un profond changement de notre cœur et de notre manière de penser, une complète réorientation vers Dieu, qui se manifestent par de nouvelles manières d'agir et de réagir. C'est la décision de nous abandonner à Dieu en toutes choses.

Passons maintenant à une description plus concrète. Chaque jour nous prenons un certain nombre de décisions. La plupart sont mineures, parfois il s'en trouve une de plus grande importance ; très rarement il s'agira d'une décision majeure. Néanmoins, ces nombreux choix infimes sont eux aussi significatifs : pris tous ensemble en effet, ils déterminent notre façon de vivre, laquelle exprime notre attitude fondamentale beaucoup mieux que ne le feraient nos œuvres et nos paroles. Notre façon de vivre met en cause notre intégrité profonde. Ajoutons encore que beaucoup de choses dans nos vies ne dépendent pas de notre choix ; nous ne sommes tout simplement pas en mesure de les changer. Mais là aussi, la manière dont nous réagissons à l'inévitable dépend de nous, et ce choix toujours nous appartient. En outre, comme nous agissons souvent par routine ou d'une manière instinctive, impulsive, beaucoup de nos choix ne sont pas délibérément voulus.

Cependant, malgré toutes ces restrictions et exceptions, ce sont nos décisions qui déterminent notre vie. Saint Augustin les compare aux cordes d'une harpe : le cadre est important, mais ce sont les cordes qui chantent. C'est ce qu'exprime John C. Haughey, s.j., dans un langage haut en couleur :

> En dépit de toutes les apparences contraires, on ne devient pas une personne en grandissant physiquement, en s'étendant dans l'espace, en s'approfondissant par la réflexion. On devient soi-même avant tout en choisissant. C'est essentiellement dans l'acte de choisir que l'esprit humain s'affirme et s'incarne. Nos choix expriment la conscience que nous avons de nous-mêmes et en même temps rendent possible cette prise de conscience. En revanche, ceux qui ne choisissent pas, ou choisissent à moitié, connaissent la condition immature de gens qui se contentent de suivre la musique qu'on leur joue. Ils dansent si quelqu'un leur joue de la flûte et pleurent si quelqu'un d'autre décide qu'un chant de deuil est maintenant de circonstance. Qui n'est pas vraiment apte à se décider soi-même ne tardera pas à s'apercevoir que son milieu, sa famille, ses propres goûts ou tout autre facteur extérieur à lui, usurpent la fonction que son propre esprit devrait assumer. Des hommes ont lutté pendant des siècles contre l'esclavage, fermement convaincus que cette forme de contrainte imposée était un mal ; or, à l'époque actuelle, quelle ironie ! nombre de personnes qui pourraient faire autrement consentent à se soumettre à l'esclavage volontaire de l'indécision [1].

---

1. *Should Anyone Say Forever*, Loyola University Press, Chicago, 1972, p. 21-23.

L'idée est que toutes les décisions que nous prenons, grandes ou petites, délibérées ou implicites, sont prises selon une échelle de priorités que nous avons intériorisée. Chaque fois que nous faisons un choix, nous procédons selon une hiérarchie de valeurs plus ou moins explicite. Le moindre changement apporté à cette échelle de priorités entraînera immédiatement des choix différents et par suite une façon de vivre différente. Au risque de me voir taxer d'impertinence, je comparerai cela au programme d'un ordinateur, dans lequel la plus infime correction modifie immédiatement toutes les réponses.

La métanoïa consiste dans la révision de nos priorités. Une voiture ou toute autre mécanique délicate a besoin de révisions régulières. N'est-il pas bien plus nécessaire encore de réaccorder de temps en temps notre conscience, cette « petite voix intérieure » qui règle toute notre vie ?

Avec les années, nos priorités changent sans que nous nous en apercevions. En effet, il nous arrive de croire sincèrement que certaines valeurs ont une haute priorité dans notre vie, alors qu'en fait leur cours a considérablement baissé. Mais nous n'avons pas conscience de ce changement. De même, nous nous figurons parfois que certaines valeurs n'ont guère d'importance pour nous, alors que, subrepticement, elles ont acquis un grand poids dans nos choix et notre manière de vivre. Qui ne prend pas le temps d'examiner soigneusement cette question peut s'attendre à de grosses surprises parfois désagréables. Les fausses priorités font écran à la volonté et à l'amour de Dieu ; elles y réussissent d'autant mieux que nous en sommes moins conscients. Elles construisent en nous un mécanisme de défense qui empêche la Parole de Dieu de pénétrer. Le noyau dur du péché, c'est que nous ne nous laissons pas aimer par Dieu. Et, puisque Dieu est amour, que nous ne le laissons donc pas être Dieu. D'ordinaire ce refus de laisser Dieu être Dieu, donc amour, n'est pas prononcé explicitement : il se manifeste plutôt à travers notre façon de vivre, qui elle-même relève de notre échelle de valeurs. La métanoïa consiste alors à regarder en face l'ordre de nos priorités et à le corriger. Cela, qui peut paraître inoffensif, remet en fait en question des modèles de comportement qui nous sont devenus chers et des habitudes de pensée invétérées.

C'est à cette métanoïa que Jésus ne cesse de nous appeler ; il en fait la condition de notre foi en lui et de la possibilité de devenir son disciple.

# CHAPITRE IV

# VIVRE DU PARDON

*Comment venons-nous à la repentance ?*

L'appel à la repentance peut nous saisir à tout moment : « Vivante, en effet, est la Parole de Dieu, efficace et plus incisive qu'aucun glaive à deux tranchants, elle pénètre jusqu'au point de division de l'âme et de l'esprit, des articulations et des moelles, elle peut juger les sentiments et les pensées du cœur » (He 4, 12). Mais, ordinairement, la Parole de Dieu et spécialement l'appel à la métanoïa nous touchent dans la mesure où notre cœur y est ouvert. Un sentiment d'insatisfaction, une faim intérieure peuvent favoriser cette disponibilité de notre cœur. Nous sentons que quelque chose ne va pas. Nous éprouvons un sentiment de malaise, de détresse, qu'on peut qualifier de corrosif tant il sape notre énergie et notre joie, et pourtant nous ne pouvons mettre le doigt sur ce qui nous pèse. Si nous sommes honnêtes, nous devons admettre que rien ne nous manque, sauf d'être heureux ! Nous avons mille raisons d'être contents, et pourtant nous ne le sommes pas.

Ce n'est pas comme la peine que l'on ressent à l'occasion d'un deuil, mais plutôt une vague dépression, si profondément installée en nous qu'il semble que rien ne puisse réveiller notre intérêt. L'âme se sent paralysée, submergée par l'ennui et le découragement. Toute joie s'est évanouie, toute vitalité s'en est allée. Il n'est pas besoin d'un grand effort d'honnêteté pour comprendre que la cause de cet état ne réside pas dans les circonstances extérieures, mais en nous-mêmes. La solution de facilité est alors de refuser de regarder la situation en face ; les possibilités d'évasion ne manquent pas : manger, boire, dormir, se répandre en bavardages, regarder la télévision, ou encore se laisser dévorer par l'activisme. Ce qu'on appelle aujourd'hui la « fièvre de consommation » n'est que le symptôme d'une très profonde insatisfaction. De fausses priorités bloquent l'accès à notre cœur. Ce n'est qu'en regardant notre vie en face avec courage et sincérité que nous pourrons identifier le vrai problème et nous y attaquer. On pourrait le formuler ainsi : Qu'est-ce qui m'empêche de vivre de tout mon cœur ce que je veux vivre ? Ou, plus fondamentalement encore : Qu'est-ce que je veux vraiment ?

La première parole de Jésus dans l'évangile de saint Jean est justement celle-ci : « Que cherchez-vous ? » (1, 38). À la fin de l'évangile on retrouve, légèrement modifiée, la même pertinente question : « Qui cherches-tu ? » (20, 15). C'est la question du Jésus johannique. Le quatrième évangile est donc encadré par cette question vitale : Quels sont tes désirs les plus profonds ? Ces désirs, Jésus les prend vraiment au sérieux, et la Bonne Nouvelle, c'est que ce que nous désirons le plus profondément est justement ce que Dieu veut pour nous. Être véritablement nous-mêmes, c'est être ce que Dieu veut que nous soyons. Notre individualité est sacrée puisque Dieu est le fondement le plus profond de notre être. Dans le fond de notre personnalité, il n'y a pas d'opposition entre Dieu et nous ; cette tension ne se produit qu'à la surface, dans la mesure où nous dévions de notre identité véritable. Quelles sont nos aspirations les plus profondes ? Si nous éludons cette question, nous rechercherons inévitablement des choses que nous ne voulons pas vraiment.

Trois questions, qui, au fond, n'en sont qu'une, nous aideront à cerner ce problème vital.

Premièrement : jusqu'à quel point l'égoïsme domine-t-il notre vie ? Il ne s'agit pas ici de l'égoïsme grossier, mais plutôt d'une subtile recherche de nous-mêmes dans tout ce que nous faisons. Extérieurement, nos actions et nos motivations paraissent très nobles et droites — nous y veillons soigneusement —, mais au fond de notre cœur nous savons que nous recherchons toujours notre propre avantage. Notre service est plutôt une quête de reconnaissance et d'affection que l'expression de notre amour.

Deuxièmement : jusqu'à quel point sommes-nous capables d'aimer les autres réellement ? Il y a des moments où nous réussissons vraiment à les aimer sincèrement, mais ensuite nous reprenons ce que nous avions donné. Nous redevenons égocentriques. Notre *ego* devient le centre de toutes choses, les autres sont réduits à tourner autour de nous comme des satellites. Et nous le savons !

Troisièmement : notre incapacité à aimer ne cacherait-elle pas un refus de certaines personnes ? Nous pouvons jouer la comédie à leur égard, mais au tréfonds de notre cœur (à une profondeur telle que nous n'osons pas laisser ces sentiments monter à la surface), nous les considérons comme un fardeau ou une menace. Nous préférerions que telle personne n'existât pas du tout, le monde en serait plus beau, ou, dans nos moments de bonté, nous lui permettrions de vivre, mais alors à l'autre bout du monde. Quoi qu'il en soit, ces sentiments étant trop mesquins pour être admis, nous les refoulons, et alors ils se font jour sous forme d'angoisse et de raideur.

*Le miracle du pardon.*

Si nous nous mettons ainsi, ou de toute autre manière, à creuser le fond de ce problème essentiel, force nous sera de reconnaître notre propre culpabilité. Et cela est dur. Il est pratiquement impossible de reconnaître sa faute quand on ne sait pas si, après en avoir fait l'aveu, on sera encore accepté et aimé. En d'autres termes, une personne qui ne peut pas admettre sa culpabilité est une personne qui souffre d'insécurité. Un des secrets de Jésus, c'était de donner à tout être ce sentiment d'être totalement accepté, et donc de créer une atmosphère dans laquelle la faute pouvait être regardée en face. Dans cette attitude libératrice il était plus que jamais l'image de son Père, l'effigie parfaite de la substance de Dieu (He 1, 3). En libérant les cœurs, il accomplissait la mission signifiée par son propre nom selon l'interprétation de saint Matthieu [1] : « C'est lui qui sauvera son peuple de ses péchés » (1, 21).

En médecine, pour certains examens, on emploie parfois une substance de contraste qui permet au médecin de voir plus distinctement ce qu'il désire observer. De la même façon, imaginer une version contrastante de l'histoire de Zachée (Lc 19, 1-10) peut nous aider à comprendre la manière tout à fait extraordinaire dont Jésus se comporte envers le pécheur et le péché [2].

Zachée était chef de publicains à Jéricho, et il était riche. Il avait fait fortune en collaborant avec l'occupant romain, détesté des juifs. C'est aux dépens de son propre peuple qu'il s'était enrichi et par là rendu coupable de trahison. Or voilà que cet homme a l'audace de vouloir rencontrer le Rabbi de Nazareth ! Jésus, Dieu merci, est assez prophète pour flairer le piège. Lorsque Zachée lui présente sa requête, il ne manque pas de lui adresser devant tous de sévères remontrances : « Comment, toi, le publicain, qui exploites et trahis ton peuple, tu oses m'inviter, moi, le prophète, à venir chez toi ! Il n'en est pas question, à moins que tu ne renonces publiquement à la manière dont tu as vécu jusqu'à présent et qu'en signe de ta bonne foi, tu ne t'engages à donner la moitié de tes biens aux pauvres et à restituer le quadruple de tout ce

---

[1]. Dans cette interprétation, saint Matthieu dépasse le sens littéral du nom de Jésus ou Josuah, qui signifie simplement « Dieu sauve » ; il précise sa signification en expliquant : « Il les sauvera de leurs péchés. » Jésus n'a pas pour but un salut abstrait et vague ; il nous sauve de nos péchés. En accord avec lui-même, Matthieu raconte le mot de Jésus : « Je ne suis pas venu appeler les justes, mais les pécheurs » (9, 13).

[2]. L'idée est empruntée à Mgr Paul Van den Berghe, évêque d'Anvers, Belgique.

que tu as pris injustement. Voilà mes conditions. Si tu ne les acceptes pas, tu n'es pas digne de me recevoir. » Zachée accepta toutes ces conditions ; alors Jésus vint le voir dans sa maison.

Peut-être cette version « revue et corrigée » ne nous semble-t-elle nullement étrange. Il se peut même que ce soit la manière dont on répondrait à une telle requête dans notre monde. On ne voit que plus clairement par là combien l'attitude de Jésus tranchait et tranche encore sur nos comportements ordinaires : il donne toujours son amour sans condition. C'est précisément parce qu'il accepte les autres sans réserve, comme ils sont, qu'il les rend capables de changer librement.

L'esprit que propageaient les pharisiens était tout le contraire. Leur conduite reposait sur la quête du jugement et de la condamnation des autres. Cela n'encourageait certainement pas à avouer ses fautes, mais incitait au contraire à les refouler. Or une culpabilité refoulée continue d'exercer son emprise sur nous, d'une manière obscure et subtile. Le refoulement ne sera jamais une solution ni bonne ni durable ; il a un goût d'inauthenticité et d'hypocrisie.

Le contraste entre l'attitude de Jésus et celle des pharisiens nous apparaît clairement dans le récit que l'Évangile nous fait du repas chez Simon le pharisien, où la pécheresse vient trouver Jésus à la table de son hôte (Lc 7, 36-50). Stigmatisée et méprisée comme pécheresse, elle cherchait jusqu'à ce jour à se protéger derrière un masque bien opaque. Mais, en la présence de Jésus, avant même qu'il lui ait dit un seul mot, elle sait que *lui* l'accepte. Son regard, tout son être émettent ce message sans erreur possible. Elle sait intuitivement qu'il l'accepte en dépit de son péché. Devant Jésus elle n'a pas besoin de masque ; elle peut pleurer et donner libre cours à sa peine et à son amour. Le pardon de Jésus, non encore exprimé, a libéré son cœur. Ce n'est pas son amour à elle qui lui a valu le pardon ; son grand amour au contraire est le fruit du pardon reçu.

Simon, l'hôte, est le témoin privilégié de la transformation qui s'opère en cette femme, mais il est incapable d'entrer dans ce qui se joue sous ses yeux ; il s'en tient obstinément à la condamnation de l'intruse. Alors Jésus utilise à l'intention de Simon une parabole dont la leçon est que celui à qui il a été davantage pardonné montrera davantage d'amour.

Nous avons besoin de la certitude intérieure d'être aimés en vérité, avec et malgré notre faute, non seulement pour pouvoir l'avouer, mais déjà pour en prendre conscience. Seuls ceux qui se savent pleinement aimés peuvent découvrir toute l'étendue de leur culpabilité. Car le péché, c'est précisément l'abus de cet amour. Toutefois, il ne nous sera possible de regarder en face courageusement notre péché que si nous croyons, ou du moins pressentons, que l'amour dont nous sommes aimés sera toujours plus grand que notre faute.

Il n'en reste pas moins que même dans ces dispositions favorables, une grande partie de nos péchés reste cachée à notre conscience. De même qu'un iceberg est toujours immergé à quatre-vingt-dix pour cent, selon une loi naturelle reposant sur le poids spécifique de la glace, de même une large part de notre péché nous restera toujours cachée. Il ne nous est pas demandé de soulever hors de l'eau l'iceberg de notre culpabilité. Si déjà nous observons honnêtement ce qui apparaît à la surface de notre conscience, cela suffit. N'avons-nous pas tous fait l'expérience, lors de nos confessions les plus sincères, de ne pas arriver à exprimer vraiment toute notre faute ? Cela tient à la nature du péché.

Au long des siècles de la tradition chrétienne, on voit réapparaître cette grâce précieuse qui met au cœur du croyant l'intime certitude d'être en même temps vraiment pécheur et véritablement aimé de Dieu. Cette grâce est plus rare qu'on ne voudrait l'espérer. Beaucoup de chrétiens sont conscients de leurs fautes et de leurs défaillances, mais il leur manque souvent la certitude d'être néanmoins véritablement aimés de Dieu. Inversement, nombreux sont ceux qui savent en leur cœur que Dieu les aime vraiment et pleinement et qui vivent de cette certitude, et c'est heureux. Mais là encore, même s'ils confessent des lèvres qu'ils sont pécheurs, beaucoup d'entre eux n'en ont pas une conviction vivante et vraie... Quand ils prient pour la conversion des pécheurs, c'est aux autres qu'ils pensent instinctivement. Ceux qui vivent simultanément les deux expériences, celle d'être aimés de Dieu personnellement et sans réserve, et celle d'être pécheurs dans le plein sens du mot, sont assez rares.

Dans les *Exercices spirituels* de saint Ignace, cette grâce de l'intime conviction d'être un pécheur aimé de Dieu est le fruit de ce qu'il appelle la « première semaine ». Cette grâce est si essentielle pour les *Exercices* que saint Ignace ne voulait pas qu'on les poursuive si elle semblait faire défaut. Il ne suffit pas, pour commencer la deuxième semaine, que les retraitants se repentent et confessent leurs fautes avec le sentiment tacite que par là ils ont surmonté leur péché. La grâce propre de cette phase des *Exercices* est de savoir avec le cœur que nos péchés sont pardonnés, que nous restons des pécheurs, et que, en tant que tels, nous sommes néanmoins réellement aimés de Dieu. En 1974-1975 la Compagnie de Jésus en sa plus haute instance, à savoir en sa trente-deuxième congrégation générale, s'est posé cette question : qu'est-ce au juste qu'être jésuite ? et la réponse commença par ces mots : « C'est savoir qu'on est un pécheur et pourtant appelé à être un compagnon de Jésus comme l'était Ignace. » Cette phrase exprime avec concision la grâce de la première semaine.

On peut traduire le verset 4 du Psaume 130 de cette façon : « Près de toi est le pardon, et de ce pardon nous vivons. » L'absolution n'est pas un événement rare. Nous en vivons à chaque instant. Si elle fait trop longtemps défaut à notre régime spirituel, nous tombons malades, comme après une carence prolongée de vitamines. Vivre du pardon est pour le chrétien un art vital. Qui est passé maître en cet art trouvera le pardon sans cesse et sous bien des formes, qui toutes culminent dans le sacrement de pénitence. Qui aura trouvé l'approche personnelle de ce sacrement trouvera aussi la réconciliation dans la vie quotidienne, et qui chaque jour vit du pardon de Dieu tiendra aussi à le recevoir par le moyen du sacrement. Les deux démarches se complètent et se renforcent l'une l'autre.

Le pardon doit être donné et reçu, mais nous ne pouvons le faire nous-mêmes. C'est une vérité élémentaire pour les évangiles : personne ne peut pardonner sinon Dieu seul. Nous touchons ici au mystère du mal avec ses profondeurs impénétrables.

Quoi ! ce que j'ai été assez fort pour faire, je ne suis pas assez fort pour le défaire ! — Non. — Quoi ! ce que j'ai été assez faible pour ne pouvoir m'empêcher de commettre, je demeurerai incapable de l'effacer entièrement ? — Oui. — Le pire n'est peut-être pas de ne pouvoir changer nos actes, c'est que nos actes nous changent, au point que nous ne pouvons plus nous changer nous-mêmes [1].

Notre plus radicale impuissance est que nous ne pouvons en aucune façon détruire le péché commis devant Dieu. Lui seul peut le pardonner. Cette dépendance fondamentale est peut-être ce qu'il y a de plus difficile à accepter pour vivre du pardon. Nous sommes en général des partisans invétérés du « fais-le toi-même », aussi nous est-il très désagréable de nous mettre dans une situation où nous n'aurions qu'à recevoir. Notre tendance naturelle est de nous sentir plus à l'aise quand nous contrôlons la situation.

Une jolie légende au sujet de saint Jérôme illustre bien cette vérité, non sans profondeur [2]. La plupart des lecteurs sauront sans doute que saint Jérôme, sur ses vieux jours, adopta une vie érémitique, non loin de Bethléem. On sait moins que, dans sa jeunesse, il avait déjà tenté de vivre en ermite dans un désert près de Chalcis en Syrie. Pendant cette période, le jeune Jérôme tomba dans une profonde dépression, signe évident qu'il n'était pas encore appelé à ce genre de vie. Alors qu'il était au fond du désespoir, le Seigneur lui serait apparu en croix. Aussitôt Jérôme se jeta à genoux et se mit à se frapper la poitrine avec véhémence. Jésus, sur sa croix, lui sourit gentiment et lui demanda : « Jérôme, qu'as-tu à m'offrir ? »

---

1. Maurice BLONDEL, *L'Action*, 1893 (PUF, Paris, 1950, p. 330).
2. Voir André LOUF, *Au gré de sa grâce*, Appendice.

Jérôme lui répondit aussitôt avec joie : « Tout, Seigneur, et d'abord la solitude de ce désert qui est si dure pour moi. » Le Seigneur le remercia gracieusement et lui demanda : « Et qu'as-tu encore à me donner ? » Sans hésiter, Jérôme répondit : « Mon jeûne, ma faim et ma soif » ; il ajouta même une petite précision : il ne mangeait ni ne buvait jamais avant le coucher du soleil. Jésus, sur sa croix, lui exprima avec toute sa sympathie combien il appréciait ce geste ; après tout, il avait eu lui aussi une certaine expérience du jeûne dans le désert. Le Seigneur répéta plusieurs fois sa question : « Qu'as-tu d'autre à m'offrir, Jérôme ? » Jérôme n'était jamais pris de court, parfois même ses réponses étaient assez circonstanciées : ses nuits de veille, la prière des Psaumes, la lecture de l'Écriture. À chaque fois le Crucifié le remerciait d'un sourire et renouvelait sa question. Et Jérôme de donner de nouvelles réponses : « Le célibat que j'essaie de vivre aussi bien que je peux, le manque de confort en cet endroit désolé, la chaleur durant le jour et le froid durant la nuit. » Mais Jésus insistait toujours. Alors Jérôme, à bout d'arguments et de guerre lasse, rendit les armes, profondément déçu parce que le Seigneur ne se trouvait pas encore satisfait, même après une liste aussi impressionnante de sacrifices héroïques. Il y eut un grand silence dans l'ermitage et dans tout le désert de Syrie. Jésus, regardant Jérôme avec beaucoup d'amour, lui dit : « Il y a une chose que tu as oubliée, Jérôme, donne-moi aussi tes péchés, que je puisse te les pardonner. »

Tout ce que Jérôme avait mentionné, c'était les œuvres dont il était l'auteur, ses performances ; la seule chose qu'il ne pouvait pas faire lui-même, il l'avait oubliée. Rien d'étonnant à ce qu'il fût déprimé ! Dans toutes ses réponses, c'était à lui que revenait l'initiative. Mais lorsqu'il s'agit de la rémission des péchés, c'est Jésus qui est au centre, avec la Bonne Nouvelle de sa rédemption. Alors, pour accueillir ce pardon, Jérôme doit renoncer à son rôle actif et accepter d'être celui qui reçoit.

Si Jésus nous posait la même question, sans doute notre liste de réponses serait-elle complètement différente, mais nous ferions très probablement la même erreur que Jérôme. Nous aussi, nous oublierions de nous laisser donner ce que Dieu seul peut donner : le pardon des péchés. Dieu « prend plaisir à faire grâce », nous dit Michée (7, 18). Ne privons pas Dieu de cette joie.

# CHAPITRE V

# LA PLÉNITUDE DE L'AMOUR

Recevoir le don du pardon n'est pas seulement une affaire privée ; cela implique une dimension universelle. Jésus en sa mort a réconcilié tous les hommes avec Dieu et a ouvert à tous le chemin de la lumière et de la paix. « Il nous a en effet arrachés à l'empire des ténèbres et nous a transférés dans le Royaume de son Fils bien-aimé, en qui nous avons la rédemption, la rémission des péchés » (Col 1, 13-14).

La plus proche parcelle d'humanité qui ait besoin de réconciliation, c'est moi-même, et c'est de cette façon que la rédemption progresse dans notre monde et que le Royaume de Dieu grandit parmi nous. Confesser ses péchés est un acte très personnel, et par là il a un retentissement universel.

Le pardon de Dieu est un processus qui trouve sa plus complète expression dans le sacrement de la réconciliation. Dans ce sacrement nous distinguons tout naturellement trois phases.

D'abord il y a la préparation, où nous laissons nos péchés remonter à la surface de notre conscience autant qu'il est raisonnablement possible. Plutôt que de se livrer à l'introspection, il est préférable et plus fécond de contempler Jésus, en particulier dans sa Passion. Ainsi nous éviterons de nous perdre dans une mauvaise image de nous-mêmes (je suis abominable !), et nous serons capables d'accepter d'une manière saine et adulte la responsabilité de nos actions et de nos omissions. De plus, il est bon de se rappeler qu'il n'est pas possible d'exprimer entièrement sa faute (pensons à l'image de l'iceberg) ; ni Dieu ni l'Église ne nous demandent cela. Une part importante de la préparation consiste à ouvrir nos cœurs à la grâce de la contrition [1], de préférence, je le répète, en nous centrant sur Jésus en croix. Par exemple à l'aide d'une prière comme celle-ci :

> Dis-moi Jésus,
> mon Maître et mon Seigneur
> immolé sur la croix
> parmi les malfaiteurs,
> Dis-moi Jésus,
> quel amour de moi
> a fait de toi,
> mon Créateur,
> cet homme sans éclat ni beauté,
> mourant de mon péché,
> cet homme crucifié
> qui se livre pour moi !
> Dis-moi Jésus,
> comment tu peux
> ainsi
> donner ta vie
> pour moi !
> Dis-moi Jésus,
> mon Maître et mon Seigneur
> immolé sur la croix
> parmi les malfaiteurs,
> Dis-moi Jésus
> quel amour de toi
> fera de moi,
> pauvre pécheur,

---

[1]. Tolstoï raconte une légende où Dieu demande à un ange de rapporter au ciel ce qu'il aura trouvé de plus précieux sur la terre. L'ange réfléchit soigneusement à la meilleure manière de remplir sa mission. Finalement, il se décide à rapporter au ciel des larmes de repentir. Dieu le loua grandement de son choix.

> un homme au cœur brisé et broyé
> pleurant sur ses péchés,
> un homme pardonné
> qui veut vivre pour toi !
> Dis-moi Jésus
> comment je peux
> aussi
> donner ma vie
> pour toi [1] !

Qui ne connaît pas le sens de la faute n'est pas encore vraiment humain ; qui ne connaît pas le repentir ne le restera plus longtemps.

Après la préparation, on arrive à la partie centrale de la démarche : la confession proprement dite de notre faute à Dieu, devant son représentant, et l'absolution exprimée par lui au nom de Dieu.

La dernière partie, extrêmement importante, est le temps que nous nous donnons pour recevoir et goûter le pardon de Dieu. Lui pardonne infiniment vite, mais nous, nous avons besoin de beaucoup de temps pour assimiler complètement cette grâce et lui permettre de déployer tous ses effets salutaires. Nous nous sentirons le cœur léger, nous aurons l'impression que des chaînes qui nous liaient sont tombées. Nous ne serons pas surpris que cette troisième phase du sacrement demande vraiment du temps, si nous pensons que le pardon est la forme suprême de l'amour. Nous devons le laisser imprégner tout notre être, pénétrer jusqu'aux recoins les plus sombres de nos angoisses et de nos refoulements. Je crains que, dans la pratique traditionnelle de la confession, nous n'ayons trop souvent négligé cette étape, ce qui a enlevé au sacrement une bonne part de sa beauté. Le processus de la réconciliation n'est

---

[1]. Ce texte est pris d'un oratorio, *Les Combats de Dieu*, extrait d'un office de vigiles pour la fête de saint Ignace, présenté à l'occasion des anniversaires ignatiens de 1990-1991. Le texte est de Didier RIMAUD, s.j. (*A force de colombe*, Éd. du Cerf, Paris, 1994, p. 239-240). Le passage cité se rapporte à ES 53.

achevé que lorsque nous sommes réconciliés avec nous-mêmes et sommes devenus capables de nous pardonner à nous aussi. Voilà jusqu'où va la merveille du pardon de Dieu.

Le père de l'enfant prodigue ressentit une joie immense et profonde lorsqu'il embrassa son fils perdu et retrouvé, et qu'il l'enveloppa de son amour, comme d'un vêtement de fête. Jésus dit : « Nul ne connaît le Père si ce n'est le Fils et celui à qui le Fils veut bien le révéler » (Mt 11, 27). Dans les trois paraboles de Luc 15, Jésus nous révèle quelque chose d'essentiel au sujet de son Père : la formidable joie qu'il a à pardonner.

Dans l'une de ses nouvelles, Werner Bergengrün écrit : « L'amour prouve son authenticité par la fidélité, mais il atteint à la plénitude dans le pardon. » Ces mots si profonds se sont immédiatement gravés d'eux-mêmes dans ma mémoire et je me les suis bien souvent répétés. L'image qui m'est venue d'abord à l'esprit est celle d'un vieux couple. Les amourettes du début se sont transformées au fil des ans en un amour mûri qui a prouvé son authenticité à travers des décennies de fidélité. Mais lorsque les époux sont devenus capables de se pardonner une faute douloureuse, alors l'amour qui les unit a atteint sa plénitude. Par la suite, il m'est apparu peu à peu que ces mots de Bergengrün s'appliquent aussi à Dieu. L'amour de Dieu également prouve sa sincérité par sa fidélité et atteint sa plénitude dans le pardon. Et comme Dieu est amour, nous pouvons dire que son être essentiel trouve son accomplissement dans le pardon. Cela nous permet, jusqu'à un certain point, de comprendre pourquoi Dieu éprouve une joie si débordante à pardonner. Cette joie exubérante est décrite dans ce passage très connu de Sophonie (3, 14-18) :

> Pousse des cris de joie, fille de Sion !
> une clameur d'allégresse, Israël !
> Réjouis-toi, triomphe de tout ton cœur,
> fille de Jérusalem !
> Yahvé a levé la sentence qui pesait sur toi ;
> il a détourné ton ennemi.

> Yahvé est roi d'Israël au milieu de toi.
> Tu n'as plus de malheur à craindre.
> Ce jour-là, on dira à Jérusalem :
> Sois sans crainte, Sion !
> que tes mains ne défaillent pas !
> Yahvé ton Dieu est au milieu de toi,
> héros sauveur !
> Il exultera pour toi de joie,
> il te renouvellera par son amour ;
> il dansera pour toi avec des cris de joie,
> comme aux jours de fête.

Dans la parabole du Père retrouvé, cette joie est exprimée avec plus d'intensité encore, semble-t-il. Le couronnement de la fête du pardon divin, c'est quand la joie du Père reflue vers nous et emplit également nos cœurs. Si le vocabulaire du père ne comprend que des termes de joie et de plénitude : se réjouir, festoyer, tuer le veau gras, revenir à la vie, retrouver, le fils au contraire ne connaît que des termes de manque et de misère : périr de faim, sentir la misère, garder les cochons, être privé même des cosses, être un mercenaire, être indigne. Le fils se voit subitement transféré dans le monde de son père, passant de l'obscurité et de la tristesse à la lumière et à la paix. C'est ce qu'exprime John Shea :

> Quelqu'un
> doit venir vers nous de l'avenir,
> en prodigue
> chargé de bagues, de robes et de baisers
> pour couvrir notre remords
> de ses larmes de bienvenue.

En 1983, lors du synode des évêques à Rome, dont le thème était « Pénitence et Réconciliation », un groupe d'évêques africains est intervenu pour souligner l'importance de la joie dans la célébration du sacrement de la réconciliation. La liturgie pénitentielle et le sacrement de réconciliation ne devraient pas être subis, mais célébrés. Saint Augustin déjà, dans ses célèbres *Confessions*, faisait de la confession de ses péchés une *confessio laudis*, une hymne de louange.

*Une nouvelle intimité.*

À partager la joie de Dieu, nous nous rapprochons de lui, comme il advint au fils prodigue lorsqu'il se laissa submerger par le bonheur de son père. Avant le retour du plus jeune, les deux frères savaient certes que leur père était un homme bon ; à quel point il l'était, seul le plus jeune le découvrit, et cela précisément en recevant son pardon. À partir de cet instant grandit entre le père et le fils une intimité d'une profondeur insondable et qui dura toute leur vie. En voyant la joie de son père, le fils comprit à quel point celui-ci l'avait aimé et l'aimait encore.

Le cantique de Zacharie affirme avec raison que Dieu donne à son peuple la connaissance du salut par la rémission de ses péchés. C'est là un aspect bouleversant de l'Évangile : l'expérience d'une vie nouvelle nous atteint là où nous sommes le plus perdus, et la grâce de Dieu nous touche au plus profond là où notre péché nous rend le plus vulnérables. Avant l'expérience de la réconciliation, nous n'avons de Dieu qu'une image pâle, vague, et nous ne nous faisons qu'une très faible idée de son amour pour nous. Mais dans le pardon, la miséricorde de Dieu devient pour nous réalité. Nous comprenons que notre infidélité n'épuise pas l'amour de Dieu, mais en révèle plutôt la dimension inconditionnelle, illimitée. Quand nous présentons à Dieu les débris de notre vie, nous ne sommes ni condamnés ni rejetés, mais au contraire accueillis avec une grande tendresse.

Si nous ne savons pas exactement ce que nous disons quand nous affirmons que l'amour de Dieu est gratuit, qu'il est insondable, dans le pardon nous pouvons jusqu'à un certain point en faire l'expérience. Jésus, dans l'Évangile, ne minimise jamais la gravité du péché : il le pardonne. Il nous montre que la miséricorde divine dépasse toujours nos fautes et tout le mal qu'elles recèlent. Lui, qui connaît la profondeur de notre péché, n'a pas de raison d'en réduire la dimension. Mais nous, il nous faut du courage, de l'honnêteté, de la patience pour pouvoir assimiler cette réalité stupéfiante en sa double dimension : notre péché et sa rémission.

Dieu prend notre péché extrêmement au sérieux, car il est l'absolu contraire de la nature divine qui est amour. C'est un des mystères les plus stupéfiants de la création, que nous soyons libres de refuser cet amour divin à qui nous sommes redevables de notre existence même. C'est comme si nous pouvions scier la branche sur laquelle nous sommes assis, sans perdre la vie. Sonder ce mystère donne le vertige. Aussi Dieu ne remet-il pas la faute d'un revers de main : s'il lui fait face dans toute sa brutale et mortelle réalité, c'est justement parce qu'il nous respecte absolument, nous les hommes, tout pécheurs que nous soyons. Le Dieu de l'Alliance, le Dieu de fidélité, répond de la faute de ceux qui se sont montrés infidèles. Cela signifie que le Dieu d'amour accepte le martyre de l'amour dans la Passion de son Fils : « Celui qui n'avait pas connu le péché, il l'a fait péché pour nous, afin qu'en lui nous devenions justice de Dieu » (2 Co, 5, 21).

Le pardon est une réalité redoutable ; le prix de la réconciliation est infiniment élevé. Dieu l'a payé. Le pardon ne nous révèle pas seulement la bonté de Dieu, mais aussi sa toute-puissance. C'est ce que rappelle cette oraison du Missel romain (26$^e$ dimanche de l'année) : « Dieu qui nous donnes la preuve suprême de ta puissance lorsque tu patientes et prends pitié, sans te lasser, accorde-nous ta grâce. »

Un rabbin s'est servi d'une image simple pour traduire cette réalité du pardon : chacun de nous, dit-il, est relié à Dieu par un fil ; et lorsque quelqu'un commet un péché, le fil se rompt. Dans la réconciliation, Dieu rassemble les deux bouts du fil et fait un nœud. Ainsi le lien avec Dieu est rétabli, et le fil est devenu plus court. Nous voici donc plus proches de Dieu par la réconciliation même. Avec le prophète Michée (7, 18), nous pouvons proclamer, pleins d'émerveillement :

> Quel est le Dieu comme toi, qui enlève la faute,
> qui pardonne le crime,
> qui n'exaspère pas pour toujours sa colère,
> mais qui prend plaisir à faire grâce ?

Une retraitante me raconta un jour un rêve où le message clé de ce chapitre est admirablement saisi ; c'est avec plaisir que je vous le communique, comme elle m'y autorise :

« Je me trouvais dans la cour de récréation de l'école de mon enfance. Il y avait là quelques paniers remplis de morceaux brunâtres de poteries brisées que je devais étaler sur le sol, sous le regard d'une assistance nombreuse qui me surveillait. Comme moi-même, tout le monde savait très bien que ces tessons étaient les débris de ma vie, tout ce que j'avais gâché. Je m'accroupis et me mis à sortir les tessons des paniers. Il y en avait de toutes dimensions et de toutes formes : étroits, larges, plats ou bombés. Beaucoup avaient des arêtes aiguës auxquelles mes mains parfois se coupaient. Rouge de honte, je me sentais accablée et humiliée à la vue de tous ces gens qui me regardaient étaler mes tessons.

« Tout à coup il se produisit un changement. Les vilains débris bruns se transformaient en des morceaux de verre aux couleurs éclatantes : rouge et bleu, jaune et vert, orange et pourpre, tout un chatoiement de couleurs ; le soleil rayonnait à travers le verre. Je me levai pour mieux voir.

« Une nouvelle surprise m'attendait : tous les morceaux formaient une ravissante mosaïque, d'une extraordinaire et surprenante beauté. Je restais là, debout, à contempler ce spectacle, pleine d'admiration et de pure joie. »

Cette joie, Roy Croft l'exprime ainsi :

Je t'aime
car tu m'aides à faire
du chantier de ma vie,
non une taverne,
mais un temple
et de mes actions quotidiennes
non un reproche
mais un chant.

# TROISIÈME PARTIE

# MISSION

# CHAPITRE VI

# NOTRE VIE, UNE MISSION

L'expérience de la réconciliation demande à être célébrée et partagée. On ne peut garder pour soi seul la joie que nous fait éprouver notre nouvelle découverte de la bonté de Dieu. Le pardon fait d'un homme un apôtre. La réconciliation ouvre à la mission. « Rends-moi la joie de ton salut, assure en moi un esprit magnanime ; aux rebelles j'enseignerai tes voies, à toi reviendront les pécheurs » (Ps 51, 14-15 ; voir aussi 16-17).

Dans notre langage, le mot « mission » évoque en général une idée de tâche à accomplir avec une connotation de difficulté, de défi à relever et probablement de départ vers d'autres cieux. Dans la Bible, l'accent est situé ailleurs. Ni la difficulté ni la distance ne sont essentielles, mais plutôt l'union intime de celui qui envoie avec son envoyé. Le regretté père James Walsh, s.j., aimait à dire : « Le cœur de la mission est la présence de Dieu en nous. » C'est là une approche très biblique.

Dans l'Écriture, la mission consiste avant tout à être le substitut de celui qui envoie, bref, à le rendre présent. La mission implique une référence à celui qui envoie : la personne envoyée parle et agit au nom et avec l'autorité de celle qui l'a envoyée. L'envoyé s'appelle en hébreu *shaliach* et, selon un principe bien connu, « il est comme la personne qui l'envoie ». Que cette mission requière un déplacement ou non est secondaire. Ce qui constitue la mission, c'est l'union de deux personnes et la transparence qui rend l'auteur de la mission présent dans celui qui l'exécute. Il est clair que c'est demander beaucoup de désintéressement à celui qui reçoit une mission en ce sens biblique.

L'Ancien Testament abonde en exemples qui illustrent cette conception de la mission. On remarquera qu'habituellement la distinction entre Dieu et son messager n'est pas très nette. Souvent, au début d'une histoire, on parle de l'Ange de Yahvé alors qu'à la fin du récit il est simplement question de Dieu ; ainsi l'ange est complètement identifié à Dieu, il est une manifestation de Dieu sous forme angélique [1].

Dans le Nouveau Testament, Jésus résume le contenu du mot « mission » dans un seul diptyque : « En vérité, en vérité, je vous le dis, qui accueille celui que j'aurai envoyé m'accueille ; et qui m'accueille, accueille celui qui m'a envoyé » (Jn 13, 20). Chez Luc, il répète le même principe, mais en insistant davantage sur le refus auquel la mission peut se heurter : « Qui vous écoute m'écoute, qui vous rejette me rejette et qui me rejette rejette Celui qui m'a envoyé » (10, 16). Dans cette perspective, nous comprenons mieux ce que dit l'évangile de saint Marc : « Il en institua Douze pour être ses compagnons et pour les envoyer prêcher » (3, 14). Ici, être avec Jésus et être envoyé par lui constituent les deux aspects indissociables de la mission.

*Chacun a une mission.*

Si nous interprétons la mission comme le fait l'Écriture, nous comprenons que dans l'Église chaque chrétien est envoyé. Mais, répétons-le, cela ne signifie pas que chaque chrétien doive partir au loin, encore moins gagner des terres étrangères, mais que nous sommes tous appelés à travailler en

---

1. Le récit de la fuite d'Agar dans le désert, rapporté au chapitre 1 (Gn 16) en est un bon exemple. On lit au verset 7 : « L'Ange de Yahvé la rencontra près d'une certaine source au désert... » ; et sans aucune transition explicite, on trouve au verset 13 : « À Yahvé qui lui avait parlé... »

communion avec le Christ. Cela implique que nous nous libérions de notre égocentrisme et que nous nous ouvrions à Jésus. Cette sorte de mission est essentielle à l'Église et à chacun de ses membres. C'est de cette façon que la foi grandit, et d'abord notre propre foi. Une Église trop préoccupée d'elle-même perd son rayonnement et sa crédibilité. Le document final du synode extraordinaire qui s'est tenu en 1985 déclare (II, A, 2) : « Le Christ est la lumière des nations. L'Église, lorsqu'elle annonce l'Évangile, doit veiller à ce que son propre visage reflète clairement cette lumière (voir *Lumen gentium* 1). L'Église se rend plus crédible en parlant moins d'elle-même, en prêchant davantage le Christ crucifié (voir 1 Co 2, 2) et en lui rendant témoignage par sa vie. » De la même façon la foi, l'espérance et la charité ne s'épanouissent pleinement dans la vie de chaque chrétien qu'à partir du moment où elles sont partagées. C'est là le secret de la croissance rapide de l'Église primitive.

Dans son encyclique *Redemptoris missio* de 1991, le pape Jean-Paul II a rappelé ce point avec beaucoup de force : « L'activité missionnaire renouvelle l'Église ; elle revitalise la foi et l'identité chrétienne ; elle éveille un nouvel enthousiasme et de nouvelles motivations. La foi gagne en force quand elle est partagée avec d'autres. »

Le second concile du Vatican a donné un nouvel élan à ce sens missionnaire. Le visage de nos paroisses a été littéralement transformé par la mise en œuvre de ses directives. Contrairement à ce qui se faisait jadis, il serait impossible aujourd'hui à nos paroisses de fonctionner sans les nombreux services, à plein temps ou à mi-temps, de collaborateurs laïques, la plupart volontaires. Dans son décret sur les laïcs, le concile fait cette déclaration remarquable : « Dans l'Église il y a diversité de ministères, mais unité de mission » (*Apostolicam Actuositatem* 2). C'est dans la mission que tous les chrétiens trouvent leur unité. La mission est fondamentale, elle est directement liée au baptême. Comparée à la mission, la distinction entre clercs et laïcs est secondaire.

Les Psaumes nous disent de louer Dieu sur la harpe à dix

cordes (33, 2 ; 92, 4 ; 144, 9). Cela me rappelle l'histoire d'un ingénieur à la retraite qui avait hérité d'un violoncelle. Hélas ! toutes les cordes en étaient cassées, sauf une. Chaque jour, néanmoins, il jouait imperturbablement de son instrument plusieurs heures de suite. Sa femme, exaspérée, finit par perdre patience et lui dit que les autres violoncelles qu'elle connaissait avaient toujours quatre cordes. « De plus, ajouta-t-elle, les violoncellistes remuent constamment les doigts de la main gauche, ce que tu ne fais pas non plus. — Mais comprends donc, répondit-il, ils cherchent le bon endroit, moi, je l'ai trouvé. » Certes, ni Dieu ni les hommes ne peuvent prendre plaisir à ce genre de musique, et d'ailleurs la mission est un instrument qui a beaucoup plus de quatre ou dix cordes. Il y a dans l'Église une variété impressionnante de ministères et de charismes. C'est là le sens de la mission : elle crée l'harmonie dans toute cette diversité.

Parce que la mission est première, elle permet de surmonter les inconvénients que représentent certaines formes de cléricalisme, anciennes ou nouvelles, de réconcilier des tendances opposées, d'apaiser les tensions malsaines à l'intérieur de nos communautés. Au sens littéral du mot, la mission relativise : elle établit une relation avec son auteur, Jésus ressuscité, et par là elle est relative elle-même et rend tout le reste relatif. Dans la mission, l'accent n'est pas avant tout mis sur nous, mais sur Dieu, qui, en Jésus, nous envoie en mission. C'est ainsi que la mission peut faire l'unité et surmonter les désaccords naissant de la diversité. Jésus n'envoie pas seulement telle ou telle personne en particulier, mais aussi toutes les autres. C'est dans la mesure où Jésus sera de plus en plus clairement le centre de la mission que la collaboration sera plus harmonieuse et le témoignage plus crédible. Les Pères de Vatican II, prévoyant certaines difficultés, déclaraient dans l'un des principaux documents du concile, la constitution *Lumen gentium* (30) : « Les pasteurs savent qu'ils ont été institués par le Christ, non pour assumer à eux seuls toute la mission de salut que l'Église a reçue à l'égard du monde, mais que leur charge magnifique consiste à "paître" les fidèles et à reconnaître leurs services et leurs charismes de façon que tous, à leur manière, coopèrent unanimement à l'œuvre commune. »

Ils demandaient également (LG 37) :

> Que les pasteurs d'autre part reconnaissent et promeuvent la dignité et la responsabilité des laïcs dans l'Église ; qu'ils recourent volontiers à leurs conseils prudents, qu'ils leur remettent avec confiance des charges pour le service de l'Église, et qu'ils leur laissent la liberté et la latitude d'agir ; bien plus, qu'ils les encouragent à prendre spontanément des initiatives. Qu'avec amour paternel, ils considèrent attentivement dans le Christ les entreprises, les vœux, les désirs proposés par les laïcs. Que les pasteurs reconnaissent et respectent la juste liberté qui appartient à tous dans la cité terrestre.

Il est urgent que tous les chrétiens s'efforcent de découvrir et de discerner de plus en plus clairement leur propre vocation afin que la communauté soit de façon de plus en plus convaincante le lieu où l'amour de Dieu se fait tangible et où la foi chrétienne se transmet à notre monde sécularisé.

> Dieu nous a choisis
> pour nous montrer l'un à l'autre
> ce qu'est l'amour de Dieu.
> Nous sommes le vocabulaire de Dieu,
> ses mots vivants,
> pour faire parler la bonté de Dieu
> dans notre bonté et à travers elle,
> pour faire parler la compassion de Dieu,
> sa tendresse, sa sollicitude,
> sa fidélité
> en nous et à travers nous.
>
> LEO ROCK, s.j.

Pour discerner notre mission propre, nous avons assurément besoin les uns des autres. Il est évidemment très utile aussi, voire indispensable, de pouvoir s'appuyer sur une conviction fondamentale comme celle qu'exprime le cardinal J. H. Newman dans le texte suivant :

> Dieu m'a créé pour lui rendre un service bien défini ; il m'a confié une tâche précise, qu'il n'a confiée à aucun autre. J'ai ma mission et si elle demeure cachée en cette vie, elle me sera révélée dans l'autre. D'une certaine façon, je suis nécessaire à la réalisation de ses desseins, aussi nécessaire à ma place qu'un archange à la sienne. Si je lui fais défaut, il peut bien sûr susciter quelqu'un d'autre, comme avec des pierres il aurait pu faire des fils d'Abraham. Cependant j'ai part à sa grande œuvre ; je suis le maillon d'une chaîne, un nœud de relations entre des personnes. Il ne m'a pas créé pour rien. Je ferai du bien, je ferai son œuvre, je serai à la place que j'occupe un ange de paix et un témoin de la vérité sans même chercher à l'être, pourvu que je garde ses commandements et serve selon ma vocation [1].

---

1. *Meditations and Devotions of the late Cardinal NEWMAN*, Londres et New York, Longman, Green and Co, p. 301.

# CHAPITRE VII

# COMME LE PÈRE M'A ENVOYÉ

*La mission pascale.*

Dans chacun des quatre évangiles, on voit à plusieurs reprises Jésus envoyer ses disciples en mission, par exemple chez Luc : 5, 1-11 ; 6, 12-16 ; 9, 1-6 ; 10, 1-16. Quel que soit le degré d'importance de ces envois, ils ne sont jamais que des préludes à la mission finale que leur confie le Seigneur ressuscité. Toutes les apparitions du Ressuscité culminent dans un envoi en mission qui ne connaît pas de frontières. Le finale de l'évangile selon saint Matthieu met en lumière la portée de cette mission à plusieurs titres universelle :

Tout pouvoir au ciel et sur la terre est donné à celui qui a vaincu la mort et la cause de la mort, le péché. En triomphant de ces deux formidables pouvoirs, il a du même coup obtenu la domination sur tous les autres.

Toutes les nations, dans l'espace et dans le temps, sont incluses dans cette mission qui embrasse l'univers entier, comme le passé, le présent et l'avenir. La Bonne Nouvelle doit être apportée à toute personne sur la terre.

Tout ce que Jésus a commandé à ses disciples doit être transmis. On ne peut donc réduire le message en le découpant selon son goût personnel. Il faut l'annoncer dans toute sa catholicité, c'est-à-dire dans son universalité et son intégrité.

Tous les jours, jusqu'à la fin du monde, Jésus est avec ceux qu'il envoie. La mission est rattachée à la proximité réelle quoique invisible du Seigneur ressuscité. Il est présent et agissant dans ses disciples. Dans le premier chapitre de Matthieu, l'enfant qui va naître est annoncé sous le nom d'Emmanuel, « Dieu avec nous » (v. 23). Dans la dernière ligne du même évangile nous est révélée la dimension universelle de cette promesse.

Seul le Fils, que le Tout-Puissant a ressuscité des morts dans la force de l'Esprit, peut procéder à un envoi en mission d'une telle plénitude. En lui, le Royaume de Dieu est venu avec toute sa richesse. La résurrection de Jésus implique que le Christ glorifié prend nos vies en charge pour faire de chacune d'elles une mission.

Accomplir cette mission, c'est toujours, sous une forme ou une autre, annoncer le Christ ressuscité et répandre la semence de la résurrection. Dans les Actes (1, 22), Pierre définit l'apôtre comme quelqu'un qui est « avec nous [c'est-à-dire avec les autres disciples] témoin de sa résurrection ». La mission est donc participation à la joie pascale.

Un des traits caractéristiques de cette mission, c'est que nous la recevons chaque jour de nouveau. Nous ne pouvons l'accepter une fois pour toutes, car ce serait l'annexer et alors il n'y aurait plus de mission. L'idée de s'octroyer une mission est contradictoire dans les termes. Puisque la relation entre celui qui envoie et celui qui est envoyé est au cœur même de la mission, celle-ci ne saurait être notre possession : au contraire, elle demande un abandon quotidien à celui qui envoie. La mission signifie que le contrôle de notre vie ne nous appartient plus ; parmi les nombreuses et belles prières qui expriment cet abandon on citera celle de l'extraordinaire ermite saint Nicolas de Flue († 1487), le patron de la Suisse :

> Mon Seigneur et mon Dieu
> enlève en moi
> tout ce qui m'empêche
> d'aller à toi.
> Mon Seigneur et mon Dieu,

> donne-moi tout ce qui m'aide
> à aller vers toi.
> Mon Seigneur et mon Dieu,
> enlève-moi à moi
> pour me donner
> complètement à toi.

Ou encore celle qui conclut les *Exercices* de saint Ignace (ES, 234) :

> Prends, Seigneur, et reçois
> toute ma liberté, ma mémoire, mon intelligence
> et toute ma volonté,
> tout ce que j'ai et possède ;
> Tu me l'as donné,
> à toi, Seigneur, je le rends ;
> tout est à Toi.
> Disposes-en entièrement selon Ta volonté.
> Donne-moi Ton amour et Ta grâce,
> car cela me suffit.

Rappelons également la prière de Charles de Foucauld († 1916), célèbre elle aussi :

> Mon Père, je m'abandonne à Toi.
> Fais de moi ce qu'il Te plaira.
> Quoi que tu fasses de moi, je Te remercie.
> Je suis prêt à tout, j'accepte tout.
> Pourvu que Ta volonté se fasse en moi
> et en toutes Tes créatures,
> je ne désire rien d'autre, mon Dieu.
> Je remets mon âme entre Tes mains.
> Je Te la donne, mon Dieu,
> avec tout l'amour de mon cœur,
> parce que je T'aime
> et que ce m'est un besoin d'amour de me donner,
> de me remettre entre Tes mains sans mesure
> avec une infinie confiance,
> car Tu es mon père.

La plus ancienne de ces prières et la plus courte est le *fiat* de Marie (Lc 1, 38).

On ne saurait trop recommander ces prières d'abandon et d'autres semblables [1] ; cependant, elles ne sont que des paroles. La mission, elle, est un abandon non seulement exprimé en paroles, mais aussi vécu en actes, réellement et quotidiennement. C'est toujours un défi, car toute mission présuppose la disponibilité à suivre l'appel d'autres personnes, avec leurs imprévisibles décisions. Ainsi, notre vie est toujours en éveil : les envoyés sont pleinement présents avec leur cœur, leur âme et leur corps, mais en même temps ils demeurent libres, prêts à accepter une mission différente, peut-être dans un lieu différent. Cela demande une grande mobilité intérieure. On peut perdre le sens de la mission de deux façons : soit par l'instabilité qui empêche d'être présent de tout cœur, soit par un immobilisme qui enlève la disponibilité. Dans les deux cas, on se prive de la saine tension inhérente à la mission. Celle-ci en effet n'a de sens et de valeur que dans la mesure où l'on est ouvert aux directives d'un autre qui, parce qu'il est autre, pense et juge autrement que nous.

Il n'est pas simple de garder vivant en nous ce sens de la mission. Pensez à ces religieux qui, ayant consacré de nombreuses années à une tâche, reçoivent un jour une nouvelle assignation. Si ce changement peut causer une souffrance et une perte, il peut également approfondir et purifier le don de soi. On peut penser aussi à des familles subitement affrontées à des changements majeurs. Il est essentiel que le sens de la mission ne décroisse pas, mais grandisse plutôt avec les années. La mission, au fond, est la forme concrète de notre abandon au Seigneur et de notre amour pour lui.

Dans une retraite prêchée à des prêtres [2], le cardinal Carlo

---

1. Sainte Thérèse Couderc († 1885) a décrit cette attitude qu'elle appelle « se livrer » dans le texte qu'on peut trouver en appendice de ce livre.
2. *Uomini di pace e di riconciliazione*, Edizioni Borla, Rome, 1985, 6ᵉ méditation.

Martini, s.j., de Milan, mentionne quatre causes susceptibles d'affaiblir le sens de la mission :
— l'insuffisance de la prière, soit qu'on n'y consacre pas assez de temps, soit que la qualité de la prière laisse à désirer ;
— le ralentissement de la croissance spirituelle, entraînant une intégration insuffisante dans notre vie des dimensions spirituelle, intellectuelle et affective ;
— le manque de discipline dans notre vie courante en ce qui concerne la nourriture, les boissons, l'exercice physique et le sommeil ;
— le manque d'intégrité, qui fait de notre vie un habile mensonge.

*La mission de Jésus.*

En deux circonstances Jésus prononce une phrase presque identique : « Comme le Père m'a envoyé, moi aussi je vous envoie. » Une première fois, au cours de la prière sacerdotale, peu avant sa Passion (Jn 17, 18), la seconde fois, le jour de sa résurrection (Jn 20, 21). Jésus nous dit par là que notre mission est la continuation de la sienne. Aussi, pour comprendre pleinement la nôtre, devons-nous réfléchir attentivement à la mission de Jésus, afin de confronter notre pensée, nos priorités et nos actions à sa manière d'être à lui. L'évangile de Jean, particulièrement, présente une multitude de passages témoignant de l'importance vitale de la mission dans la vie de Jésus. Il ne serait pas exagéré de dire que la vie de Jésus est entièrement modelée sur sa mission. Il n'a jamais agi selon son propre intérêt, mais a toujours cherché la volonté de son Père : « Ma nourriture est de faire la volonté de celui qui m'a envoyé et de mener son œuvre à bonne fin » (Jn 4, 34) ; « Je suis descendu du ciel pour faire non pas ma volonté, mais la volonté de celui qui m'a envoyé » (Jn 6, 38) ; « Moi, je le connais, parce que je viens d'auprès de lui et c'est lui qui m'a envoyé » (Jn 7, 29) ; « Celui qui m'a envoyé est avec moi ;

il ne m'a pas laissé seul, parce que je fais toujours ce qui lui plaît » (Jn 8, 29).

Il est fascinant de voir à quel point les dons extraordinaires dont Jésus fait preuve dans ses relations avec les autres sont intimement liés au sens qu'il a de sa mission [1]. Jamais il n'était retenu par la crainte, ni prisonnier d'aucun tabou : il était parfaitement libre, et cette liberté exceptionnelle, il la mettait intégralement au service des autres. Il donnait à chaque personne son entière attention sans qu'il s'y mêlât la moindre trace de recherche de lui-même. Ceux qui entraient en relation avec lui faisaient l'expérience d'une rencontre merveilleuse et libératrice. Il faisait éclore en chacun ce qu'il avait de meilleur. En présence de Jésus, on pouvait être vraiment soi-même. Avec Jésus, chacun trouvait un espace pour exister. Il n'a jamais eu la moindre tentation d'exploiter ou de manipuler, encore moins d'exclure qui que ce fût. Il n'évitait aucune rencontre et jamais, dans aucun de ces contacts, il n'était superficiel ni centré sur lui-même. Il ne craignait pas les affrontements ni les conflits, mais dans toutes ces situations il gardait une entière maîtrise de lui-même et la paix du cœur. Il portait toujours un intérêt spontané et chaleureux à l'être réel qui se trouvait en face de lui, sans jamais l'enfermer dans telle catégorie préétablie. Il avait une merveilleuse aisance dans ses relations, un comportement sincère et cordialement affectueux.

Ce don exceptionnel de relation peut nous intriguer. Eh bien, son secret nous est livré à chaque page de l'Évangile. Le centre de la personnalité de Jésus c'est son Père. Son *Abba* est sa vie. À tout instant il parle de lui avec une spontanéité pleine d'amour. Son intimité avec son Père était manifestement exempte de trouble, d'obscurité et du moindre complexe. Cette union avec son *Abba* est la force qui unifie et détermine toute sa personnalité, l'*alpha* et l'*omega* de sa vie. C'est de la sérénité et de la sécurité que lui donnait cette intimité que Jésus tenait sa vitalité et son ouverture aux autres. Il n'avait

---

1. Voir Pierre van Breemen, s.j., *Je t'ai appelé par ton nom*, Fayard, Paris, 1985, p. 50.

d'autre mission que de traduire dans sa vie de chaque jour cette relation avec son Père.

La mission de Jésus a donc de profondes racines. Son origine est à chercher dans le sein de la Sainte Trinité, la source de tout amour et de toute vie. En théologie classique, la *procession*, c'est-à-dire la génération du Fils par le Père dans l'Esprit-Saint, est identique à la *mission*, c'est-à-dire l'envoi du Fils unique dans l'humanité. « Quand vint la plénitude du temps » (Ga 4, 4), le mouvement de la procession se prolongea en mission ; le Verbe se fit chair, envoyé dans le monde pour partager et racheter la vie des hommes. C'est dire qu'en Jésus la personne et la mission sont une seule et même chose. Il s'identifie complètement à sa mission. Il n'en excepte rien, il ne garde rien pour lui. Sa mission ne comporte aucune faille.

La manière dont Jésus a vécu sa mission est unique. C'est justement dans sa mission qu'il est le Fils de Dieu incarné. En Jésus la présence de la personne qui envoie en celle qui est envoyée est insurpassable : « Moi et le Père, nous sommes un » (Jn 10, 30). C'est ce qui rendait sa manière d'être si harmonieuse, si salutaire. Chacun sentait cette unité entre Jésus et son Père, et donc aussi entre Jésus et soi-même. L'obéissance à sa mission a conduit Jésus à la mort, à la mort sur une croix — mais ensuite, Dieu l'a exalté et lui a donné un nom au-dessus de tous noms, manifestant ainsi son identité divine (voir Ph 2, 8-9).

Jésus n'a vécu que trente-trois ans. Même si cet âge correspond à peu près à l'espérance de vie de son époque, nous trouvons que c'est peu, trop peu en vérité. Il a passé sa vie dans un petit pays de la Méditerranée qu'il n'a jamais quitté. C'eût été un véritable gâchis que sa mission demeurât à ce point restreinte dans l'espace et dans le temps. Or c'est là que nous avons notre rôle à jouer. Le Tout-Puissant a besoin de nous pour poursuivre l'œuvre de son Fils, et le Saint-Esprit cherche inlassablement des « humanités de surcroît » en qui puisse se poursuivre l'incarnation du Fils. Jésus nous a dit en substance, et c'est à prendre très sérieusement : « Je n'ai pas d'autres mains que les vôtres. » Le message d'adieu du Ressuscité va dans le même sens : « Comme le Père m'a envoyé, moi aussi je vous envoie » (Jn 20, 21).

Dans sa lettre aux Romains, saint Paul nous donne une idée très claire de la mission qui incombe à tout chrétien : « Ceux que d'avance il a discernés, il les a aussi prédestinés à reproduire l'image de son Fils, afin qu'il soit l'aîné d'une multitude de frères » (Rm 8, 29). Pour Teilhard de Chardin, ce passage et le contexte dans lequel il se trouve constituent la grande hymne de l'espérance, tout comme 1 Co 13 est celle de la charité. Il la commente ainsi : « Il n'y a qu'un seul événement dans toute l'histoire : l'incarnation. » Tout le processus de l'évolution atteint son sommet et sa plénitude au point *omega*, quand le Christ a intégré tout ce qui existe en sa personne. La conviction que le Christ vit en chaque chrétien est clairement exprimée par saint Paul et par saint Jean : « Ce n'est plus moi qui vis, mais le Christ qui vit en moi » (Ga 2, 20). Jean recourt à la belle image des sarments qui ne peuvent porter du fruit que si la sève de la vigne y circule (Jn 15). Il en donne une version négative : « De même que le sarment ne peut de lui-même porter du fruit s'il ne demeure pas sur la vigne, ainsi vous non plus, si vous ne demeurez pas en moi » (v. 4). Puis (v. 5) il la reprend d'une manière positive : « Celui qui demeure en moi, et moi en lui, celui-là porte beaucoup de fruit. » Ainsi s'il n'y a pas union avec le Seigneur il n'y a pas de fruit du tout, mais, unis à lui nous portons beaucoup de fruit. Voilà qui est rassurant. En outre, il nous est promis plus de fruit encore si le sarment est émondé (v. 2).

*Mission trinitaire.*

Dans l'évangile de saint Jean nous trouvons deux versets identiques à deux mots près. En 20, 21 nous lisons : « Comme le Père m'a envoyé, moi aussi je vous envoie » ; et en 15, 9 nous trouvons : « Comme le Père m'a aimé, moi aussi je vous ai aimés. » On peut en déduire que pour Jésus amour et mission sont équivalents. La mission est la forme concrète de l'amour, et cela de plusieurs façons. L'amour du Père pour son Fils est l'origine de toute mission, et l'amour du Fils pour son Père en est l'énergie agissante. L'amour que la Sainte Trinité nous porte se concrétise en une mission, tout comme notre amour de Dieu et de toute personne prend forme dans la mission. Une mission est toujours un débordement de l'amour de Dieu qui se communique au prochain par l'intermédiaire de celui qui a reçu la mission.

Au commencement des temps, l'amour de Dieu a créé l'univers et s'est ainsi manifesté. C'est pourquoi il peut être trouvé et ressenti en toutes choses. À la plénitude des temps, l'amour de Dieu s'est incarné dans le Verbe fait chair en la personne de Jésus : « Nous avons contemplé sa gloire... Oui, de sa plénitude nous avons tous reçu » (Jn 1, 14.16). Dans les temps où nous sommes, son amour poursuit son chemin par l'intermédiaire de ceux qui s'ouvrent à la mission, et de cette façon il peut atteindre d'une manière humaine et tangible les hommes et les femmes d'aujourd'hui. Ainsi le contenu de la mission est effectivement le déploiement toujours plus large de l'amour que Dieu a pour nous et auquel nous essayons de répondre. Même si le but de notre vie est de retourner à Dieu dont nous sommes issus, nous ne pouvons nous désintéresser du monde pour regagner notre patrie. Ce n'est pas notre retour à Dieu qui est premier, mais notre participation à l'élan de Dieu vers le monde.

Dans la spiritualité ignatienne, l'action apostolique tient la première place. En 1538, avant même qu'ils aient décidé de se constituer en ordre religieux, les « amis dans le Seigneur » offraient leur petite compagnie au pape, accomplissant ainsi leur vœu fait à Montmartre, le 15 août 1534. Ils se disaient prêts à être envoyés partout où l'on pouvait espérer de leur présence une plus grande gloire de Dieu et un service des hommes. Cet engagement était placé sans ambiguïté dans une perspective trinitaire, comme en témoigne le souvenir de saint Ignace consigné dans son journal spirituel : « Là-dessus, me venaient d'autres intelligences, c'est-à-dire comment d'abord le Fils envoya les Apôtres prêcher en pauvreté, et comment ensuite l'Esprit-Saint en donnant son esprit et les langues les confirma, si bien que, le Père et le Fils envoyant l'Esprit, les trois Personnes ensemble confirmèrent cette mission[1]. »

Un commentateur moderne explique : « La mission apostolique est une participation à l'amour trinitaire salvifique de Dieu se tournant vers le monde. Ignace emploie le même terme *inviare* pour parler de la mission qui envoie les apôtres prêcher dans la pauvreté, que pour la mission du Saint-Esprit par le Père et le Fils. Cela nous donne une idée de la profondeur à laquelle Ignace situe la mission de l'apôtre : au cœur même de la vie de la Sainte Trinité[2]. »

---

1. 11 février 1544. Traduction française par Maurice GIULIANI, s.j., Desclée de Brouwer, Coll. « Christus », Paris, 1959.
2. Martha ZECHMEISTER, *Ibvm, Mystik und Sendung*, Echter Verlag, Würzburg, 1985, p. 100.

## CHAPITRE VIII

## COMMENT JÉSUS ENVOIE EN MISSION

L'origine trinitaire de la mission n'est pas seulement une vérité théologique ; elle met entre nos mains des moyens très concrets de rendre notre mission féconde. Jésus dit : « Ce n'est pas vous qui m'avez choisi ; mais c'est moi qui vous ai choisis et vous ai établis pour que vous alliez et que vous portiez du fruit et que votre fruit demeure » (Jn 15, 16). Un peu auparavant, il avait déclaré : « C'est la gloire de mon Père que vous portiez beaucoup de fruit et deveniez mes disciples » (Jn 15, 8) ; après quoi il nous dévoile le secret de cette fécondité : « Comme le Père m'a aimé, moi aussi je vous ai aimés. Demeurez en mon amour » (Jn 15, 9). Il ne suffit donc pas de penser parfois à cet amour ou de lui rendre quelque visite occasionnelle : nous devons établir en lui notre demeure, comme Jésus demeurait en son Père. C'était là l'unique but de sa vie : nous introduire dans l'intimité avec le Père et l'Esprit-Saint, dans laquelle il était toujours enraciné. Nous serons libérés de la peur si nous pouvons dire *Abba* avec Jésus dans l'Esprit-Saint (Rm 8, 14-15).

*Renoncer à être son propre maître.*

Lorsque Jésus envoya les soixante-douze disciples en mission, il leur dit : « La moisson est abondante, mais les ouvriers peu nombreux. » On s'attend par conséquent à ce qu'il les invite à redoubler d'ardeur au travail. Or, au lieu de cela, il leur recommande de prier : « Priez donc le Maître de la moisson d'envoyer des ouvriers à sa moisson » (Lc 10, 2). Oui, nous pouvons prier Dieu d'envoyer d'autres personnes, la prière pour les vocations a toujours eu une place privilégiée dans la tradition chrétienne. Mais nous pouvons aussi prier Dieu de nous envoyer nous. Une chose est sûre : nous ne pouvons travailler dans la vigne du Seigneur que si le maître nous y envoie. Dans la parabole des ouvriers de la vigne, le propriétaire demande à ceux qui attendent encore d'être embauchés, sur la place du marché, à cinq heures de l'après-midi : « Pourquoi restez-vous ici tout le jour sans travailler ? » La réponse est claire et nette : « C'est que personne ne nous a embauchés » (Mt 20, 6-7).

Dans sa lettre aux Romains, saint Paul pose une question rhétorique : « Comment prêcher sans être d'abord envoyé ? » (10, 15). On pourrait ajouter : Que prêcher sans mission ? ou, avec plus de pertinence encore : Qui prêcher ? Soi-même ?

La mission est toujours un acte qui dépasse les compétences professionnelles. Un certain savoir-faire est certes requis, mais il ne suffit pas. D'où l'expérience fréquente et douloureuse qu'aucune formation au ministère n'est jamais adéquate. Le savoir évite tension et surmenage ; mais ce n'est pas en redoublant d'efforts que nous parviendrons au but, car il s'agit d'une dimension à laquelle nous ne pouvons pas accéder par nous-mêmes. Notre mission doit être enracinée au-delà de notre compétence professionnelle, et elle devient féconde dans la mesure où le mystère transparaît dans notre action. Là encore nous sommes confrontés à la sagesse de la notion biblique de mission.

Jésus en est le parfait exemple : quels qu'aient été ses maîtres, il était de toute évidence supérieurement qualifié pour sa mission ; pourtant sa véritable force ne résidait pas dans ses aptitudes pour le ministère, mais dans le fait que la présence de Dieu rayonnait de lui d'une manière incomparable. Son unité avec son Père était son grand secret.

La mission doit être acceptée, mais elle ne saurait être revendiquée. C'est à celui qui envoie qu'il appartient de la donner : « Ce n'est pas vous qui m'avez choisi, mais c'est moi qui vous ai choisis et vous ai établis » (Jn 15, 16). L'évangile de Marc nous le rappelle aussi : « Il gravit la montagne et il appelle à lui ceux qu'il voulait » (Mc 3, 13). Jésus a l'initiative de la mission ; il nous demande de nous intégrer dans l'œuvre de salut qu'il accomplit à travers nous. Il ne nous envoie pas forcément là où nous trouvons la plus grande satisfaction, où nous nous montrons sous notre meilleur jour, où nous déployons au mieux nos talents. Il emploie parfois d'autres critères, plus importants à ses yeux. La mission que Jésus nous confie peut nous contrarier, nous sembler peu attrayante. Une chose est certaine: elle apportera à beaucoup de personnes paix et liberté, y compris à nous-mêmes.

Il existe une différence subtile, mais importante, entre travailler pour Dieu et faire le travail de Dieu, comme Thomas H. Green, s.j., l'a finalement remarqué [1]. La première formulation me fait penser à un de ces professionnels indépendants refusant les engagements à long terme, choisissant eux-mêmes de quel travail ils veulent se charger et proposant ensuite le fruit de leur travail au plus offrant. En ce cas, le produit fini peut certes être offert à Dieu, mais il reste à savoir si Dieu l'accepte ou non. Dans l'autre formulation, la décision d'accomplir telle œuvre appartient à Dieu, qui dispose librement de son envoyé. L'œuvre lui appartient dès son origine.

Le but des *Exercices* de saint Ignace est de nous mener au discernement entre ce que Dieu veut que nous fassions et ce que nous, nous voulons faire pour Dieu. Il ne suffit pas de servir le Tout-Puissant comme bon nous semble, au risque de mener en réalité notre propre affaire ; non, Dieu doit pouvoir disposer de nous entièrement et librement. Nous pouvons être sûrs que Dieu ne sera jamais une menace pour notre vrai bien. Dieu nous aime plus que nous ne nous aimons nous-mêmes !

---

1. *Darkness in the Marketplace*, Ave Maria Press, Notre Dame, Indiana, 1981, p. 39-53, surtout 48-50.

Dieu est le seul à pouvoir combler notre désir foncier, car nous lui devons notre être véritable. Les gens, ordinairement, veulent *quelque chose* de nous: notre argent, notre temps, nos dons, nos relations. Dieu nous veut, *nous*, dans le plein sens du terme. C'est cela la création ! Le Tout-Puissant nous respecte infiniment et concrétise cette estime en nous confiant une mission. Cela implique nécessairement une charge, et exige de nous discipline, dévouement, désintéressement et avant tout de la confiance. Il y a si peu de choses que nous pouvons montrer, voire prouver ou maîtriser. Nous ne pouvons bâtir que sur la seule confiance en Dieu: c'est la foi pure.

Par ailleurs, accepter cet ordre de choses apporte un immense soulagement. Notre tâche passe d'un niveau purement éthique à celui de la relation personnelle où l'auteur de la mission est présent et agissant dans la personne qu'il envoie. La lettre aux Hébreux s'achève par une prière demandant que le Dieu de la paix produise « en nous ce qui lui est agréable » (He 13, 21). Par là nous sommes délivrés de l'angoisse d'avoir à accomplir tout par nous-mêmes. Ce serait un « complexe de Dieu » de vouloir agir comme si le salut reposait sur nos propres épaules. Une fois que nous avons compris ce que le mot « mission » signifie dans l'Écriture, nous sommes libérés sans équivoque de tous ces fardeaux que nous nous imposons à nous-mêmes. Dans la Bible, il est dit de Dieu : « Toutes nos œuvres, tu les accomplis pour nous » (Is 26, 12). « Nous sommes en effet son ouvrage, créés dans le Christ Jésus en vue des bonnes œuvres que Dieu a préparées d'avance pour que nous les pratiquions » (Ep 2, 10). Il nous revient seulement de donner le dernier coup de chiffon. Collaborer n'est pas, comme le croient certains, compléter le travail de Dieu, ou Dieu complétant le nôtre. Ce serait un contresens manifeste. Dieu fait tout et nous également : Dieu, de manière divine, et nous, de manière humaine. On a parfois appelé cela « synergie ». Mais peu importe le mot utilisé ; ce qui est important, c'est de comprendre que notre activité est tout imprégnée et soutenue par l'agir de Dieu. Une telle conviction nous apporte la paix et la quiétude, nous sauve du découragement ou du fanatisme et libère en nous la force de la douceur.

*Avoir confiance en Dieu.*

Quand Jésus envoie les soixante-douze disciples en mission, il leur donne ces instructions : « N'emportez pas de bourse, pas de besace, pas de sandales » (Lc 10, 4). N'ayez pour bagage que la paix. C'est bien dur à entendre ! Toutefois, percevons d'abord dans ces mots le souci que Jésus a de nous. Ce qui nous inquiète, nous, c'est que nos ressources pourraient s'épuiser ou venir à manquer : aussi notre première impulsion est-elle de faire des réserves ou de nous procurer une respectable carte de crédit. Ce qui inquiète Jésus, au contraire, c'est que nous risquons plutôt de posséder trop de choses et d'étouffer ainsi notre vitalité et notre fécondité : « Ce qui est tombé dans les épines, ce sont ceux qui ont entendu, mais en cours de route, les soucis, la richesse et les plaisirs de la vie les étouffent, et ils n'arrivent pas à maturité » (Lc 8, 14). Souvent l'anxiété nous pousse à accumuler toutes sortes de réserves pour assurer notre existence, mais au fond de notre cœur nous savons que notre insécurité ne peut être surmontée par des moyens matériels. Jésus veut nous éviter ce piège.

Ce que nous pourrions ressentir comme une exigence excessive est avant tout un encouragement à mettre notre confiance en Dieu. Cela touche au cœur de toute mission. Une mission sans confiance en celui qui envoie n'est qu'une caricature. La béatitude de la pauvreté, c'est de s'abandonner et de se confier à Dieu. Pauvreté et mission sont si étroitement liées que seule la mission dans la pauvreté est totalement crédible. Dans une lettre qu'il écrivait à un ami prêtre, un hindou, professeur en Inde, reconnaissait bien des qualités à l'Église catholique, mais exprimait également à son égard quelques critiques : la première était que nous parlions trop dans nos comités, rencontres, groupes de travail, liturgies et autres occasions semblables ; la seconde, que nous étions trop bien équipés et trop bien protégés. Ces deux défauts ont empêché cette personne de valeur de trouver Dieu dans notre Église.

Dans le monde occidental, nous sommes prompts à défendre le point de vue opposé, faisant remarquer que, dans notre culture, nul ne saurait être influent dans la mission dont il est chargé sans un niveau de vie respectable. Même s'il y a un grain de vérité dans cette assertion, Jésus ne nous a jamais proposé un tel enseignement. Il a toujours prêché et vécu la pauvreté. C'est un domaine où nous avons vite fait de diluer le message de l'Évangile. Nous avons tendance à interpréter très librement les consignes de Jésus en matière de pauvreté. Notre société, avec son abondance de biens et son évidente surconsommation, nous pousse, subtilement mais implacablement, dans la mauvaise direction. Un missionnaire disait en souriant, à la fin de son congé en Europe : « Je suis heureux de quitter la pauvreté de la richesse pour la richesse de la pauvreté. » Si nous cherchons vraiment à mettre nos pas dans ceux de Jésus, il est essentiel que nous partagions délibérément et résolument sa pauvreté. Sinon il nous sera impossible, dans notre société de consommation, de résister aux pressions extérieures et intérieures qui poussent à se procurer toujours plus de confort. Le résultat ? L'affadissement et l'érosion de notre mission.

D'emblée, la mission de Jésus a consisté à s'anéantir lui-même (Ph 2, 7-8). Nous sommes appelés à avoir « les mêmes sentiments qui sont dans le Christ Jésus » (v. 5). Aussi ne saurions-nous considérer notre mission comme une affaire qui doit rapporter. Certes, Jésus dit : « L'ouvrier mérite sa nourriture », mais il ajoute : « Vous avez reçu gratuitement, donnez gratuitement » (Mt 10, 8.10). Cela veut dire en clair que nous n'avons pas à nous battre pour défendre nos propres intérêts, qu'il s'agisse d'argent, de carrière, de niveau de vie, de prestige, ou encore de la volonté de s'affirmer, d'être reconnu, d'avoir de l'influence, d'exercer un contrôle ou un pouvoir quelconque. Dieu nous donnera généreusement ce dont nous avons besoin pour une vie psychiquement saine et heureuse ;

il le fera le plus souvent par les autres. Nous n'avons pas à nous en soucier.

Il en sera pour nous comme pour Jésus, qui trouvait auprès de son Père une telle sécurité qu'il était plus libre que les renards à l'égard de leur tanière et que les oiseaux à l'égard de leur nid (voir Lc 9, 58). Nous pouvons trouver auprès de Jésus assez d'assurance et d'épanouissement pour le servir sans chercher à en tirer profit. En Jésus nous trouvons la perle rare pour laquelle nous renonçons joyeusement à tout (voir Mt 13, 44-46). La pauvreté évangélique est l'expression d'une plénitude et d'une liberté intérieures qui nous rendent capables de vivre très simplement. Elle consiste non à manquer de tout, mais à être comblé, non à renoncer à de grands biens, mais à en avoir trouvé de beaucoup plus grands. « Car en lui habite corporellement toute la Plénitude de la Divinité, et vous vous trouvez en lui associés à sa plénitude » (Col 2, 9).

Une histoire hindoue décrit d'une manière très vivante cette richesse et cette plénitude intérieures :

Le sannyasi avait atteint la périphérie du village et s'installait pour la nuit sous un arbre, quand un villageois s'approcha en courant et lui dit :

« La pierre ! La pierre ! Donnez-moi la pierre précieuse !

— Quelle pierre ? demanda le sannyasi.

— La nuit dernière, le Seigneur Shiva m'est apparu en rêve, dit le villageois, et il m'a dit que si j'allais à la périphérie du village, à la tombée de la nuit, je trouverais un sannyasi qui me donnerait une pierre précieuse qui me rendrait riche pour le reste de ma vie. »

Le sannyasi fouilla dans son sac et en sortit une pierre : « Il voulait certainement dire celle-ci, dit-il, en tendant la pierre au villageois : je l'ai trouvée dans un sentier de la forêt il y a quelques jours. Vous pouvez l'avoir, bien entendu. »

L'homme regarda la pierre avec émerveillement : c'était un diamant. Probablement le plus gros diamant du monde, puisqu'il avait les dimensions d'une tête d'homme. Il prit le diamant et s'éloigna.

Toute la nuit, il se retourna dans son lit, incapable de dormir. Le lendemain, dès l'aube, il éveilla le sannyasi et lui dit : « Donnez-moi la richesse qui vous permet de donner ce diamant avec tant d'aisance [1]. »

Pour nous faire comprendre que la mission qu'il nous confie implique un renoncement à tout pouvoir, Jésus lui-même emploie une image qui ne permet aucune illusion : « Voici que je vous envoie comme des agneaux au milieu de loups » (Lc 10, 3). Cet appel vaut aussi bien pour les individus que pour les communautés. L'histoire de l'Église montre avec évidence que c'est dans les temps où sa mission était le moins bien acceptée, voire rejetée parce que trop contraire aux intérêts des pouvoirs en place, que la foi s'est transmise avec le plus de vigueur. Lorsque le troupeau ou le berger pactisait avec les loups, la mission était loin d'être aussi fructueuse.

Bien sûr, être l'agneau au milieu des loups n'a rien d'idyllique. L'Église primitive en a fait l'expérience dans la douleur. Jésus ne nous a jamais promis une idylle. Il nous a promis la fécondité et la paix que le monde ne peut donner. C'est justement parce que la mission repose sur un rapport de personne à personne qu'elle est vulnérable. Ce qui fait sa force peut aussi entraîner sa perte, si l'on oublie d'être vigilant sur ce point. Le cœur de la mission sera toujours: « Demeurez en mon amour » (Jn 15, 9).

---

1. Ce texte est d'Anthony DE MELLO, *Comme un chant d'oiseau*, Desclée de Brouwer, Paris, et Bellarmin, Montréal, 1984. On trouve une autre version de cette même histoire dans Rabindranath TAGORE, *La Corbeille de fruits*, Gallimard, Paris, 1949, p. 169.

# QUATRIÈME PARTIE

# FÉCONDITÉ

# CHAPITRE IX

# ENVOYÉS POUR PORTER DU FRUIT

*Méditation sur la parabole du semeur.*

Dans une parabole très élaborée, Jésus utilise l'image de la semence pour désigner la parole de Dieu : « La semence, c'est la parole de Dieu » (Lc 8, 11). De même que, par nature, la semence porte du fruit, de même, par essence, la Parole de Dieu porte du fruit. La quantité de fruit qu'elle produit dépend surtout, nous explique Jésus, de notre disponibilité à l'accueillir. Une réflexion sur cet enseignement peut, si nous nous y ouvrons et si nous prenons le temps de le goûter, nous aider à découvrir un rapport avec de nombreux aspects de notre vie. Arrêtons-nous à la signification de chacune de ces graines pour nous personnellement.

Allons donc méditer dans un endroit tranquille. Je me mets dans une position à la fois respectueuse et détendue. Je me sens tout simplement exister. Je prête l'oreille aux différents bruits qui m'entourent et je les accepte. Lorsque j'ai pris contact avec le lieu où je me trouve et que je me suis familiarisé avec lui, je ferme les yeux ou porte mon regard sans tension sur un point fixe. Je note les odeurs, sans chercher à m'y soustraire. Je sens mon corps, mes vêtements, le sol sous moi ou la chaise, le prie-Dieu ou encore le petit banc destiné à la prière, j'écoute ma respiration. J'accueille toutes ces choses avec paix. Maintenant, je suis vraiment « là », je suis chez moi.

Alors j'élève mon cœur vers Dieu, je jouis de son regard plein d'amour et de joie. Il est bon d'être en la présence aimante et attentive du Dieu très saint. Je me laisse aimer par ce Dieu à qui je dois toute mon existence. Il me tient dans sa main puissante. C'est incompréhensible, et cependant croire que Dieu m'aime infiniment plus que je ne m'aime moi-même est pacifiant. Je lui exprime mon profond respect et ma gratitude.

Je lui demande la grâce particulière que je souhaite recevoir dans cette méditation ; par exemple, que ma vie porte des fruits à cent pour un, des fruits qui demeurent, ou que je sache demeurer dans son amour, vivre en union avec lui ou encore que je puisse m'accepter, moi et ma propre histoire, afin d'être réconcilié et en paix, ou toute autre chose qui me vient à l'esprit.

Maintenant je m'imagine parmi la foule qui entoure Jésus, en train d'enseigner depuis une barque, non loin du rivage. Le soleil brille, le vent me caresse les cheveux ; il fait clair. Les gens écoutent, saisis, attentifs. Comme eux, je suis moi aussi fasciné par Jésus. Après avoir fini de raconter sa parabole, Jésus remet pied à terre, va vers chacun de ses auditeurs et dépose dans leurs mains quelques graines. Lorsqu'il se tient devant moi, il me regarde avec attention, avec un amour total ; son visage rayonne de la confiance qu'il met en moi. Je tends la main comme pour la sainte communion, et il y dépose cinq graines. Je me sens poussé, maintenant, à m'éloigner de la foule pour me retirer dans un endroit tranquille ; le souvenir de son regard remplit encore mon cœur d'étonnement. Il m'a regardé comme jamais personne ne l'a fait. Je goûte la chaleur, la profondeur, la force et la bonté qui m'ont envahi avec une telle puissance, et je les laisse pénétrer tout mon être.

Au bout d'un moment, je prends l'une des graines et je la jette sur le chemin ; il se passe à peine une minute, et voici qu'un oiseau vient voleter par ici et la picore. Adieu la graine ! Je cherche à noter ce que je ressens alors. Je me demande ce qui, dans ma vie, m'a été arraché avant d'avoir pu porter du fruit. Qu'est-ce qui a manqué concrètement dans ma vie, dès le principe ? Qu'est-ce qui a été dérobé dès le début ? Quelles possibilités m'ont été complètement refusées ? Comment est-ce que je vis ces expériences ? Comment est-ce que je les intègre ?

Quand je pense avoir épuisé le sujet, je prends une autre graine. Cette fois je la jette sur un sol rocailleux où il y a peu de terre. Je remarque comme la graine lève vite ; mais sous la brûlure du soleil ma semence se dessèche et bientôt périt. À nouveau je me mets à l'écoute de mes sentiments. Je réfléchis à ce qui dans ma vie s'est flétri trop tôt. Qu'est-ce qui s'est avéré trop superficiel, sans racines assez profondes ? Était-ce quelque chose qui au début semblait prometteur, mais qui finalement s'est avéré sans valeur ? Quelles sont mes impressions aujourd'hui par rapport à tout cela ? Comment ai-je intégré ces déceptions ?

Après avoir suffisamment réfléchi sur ce point, je prends une troisième graine et la jette parmi les épines. Je vois ma semence prendre racine et grandir, mais la mauvaise herbe grandit plus vite encore, privant la jeune pousse d'air et de lumière, et bientôt l'étouffe. Qu'est-ce que j'éprouve devant ce petit scénario ? Qu'est-ce qui dans ma vie n'a pas pu parvenir à maturité, parce que « les soucis, la richesse et les plaisirs de la vie » (Lc 8, 14) l'ont étouffé ? Qu'est-ce qui n'a jamais atteint le développement qu'on en attendait ? À quoi ressemblent, dans ma vie, ces ronces étouffantes ? Comment est-ce que je m'y prends avec elles ?

Quand le moment en est venu, je jette la quatrième graine sur un terrain fertile. Je la regarde grandir, devenir vigoureuse et se charger de beaucoup de fruits. Je regarde ce qui, dans ma vie, a été positif et réellement fécond. Une fois de plus je remercie Dieu « qui donne la croissance » (1 Co 3, 7) et je reconnais joyeusement en lui la source de tout bien.

Il me reste encore une graine ; je la palpe et la roule doucement entre mes doigts, je prends conscience de sa fragilité. Je m'émerveille de son pouvoir de porter de si beaux fruits.

Cette dernière semence contient tout mon avenir. Je considère maintenant la période de ma vie que j'ai encore devant moi. Je ne sais combien de temps elle durera ni de quoi elle sera faite. Je réfléchis à ce que je veux faire de ce reste encore inconnu de ma vie, pour autant que cela dépend de moi. Des expériences que j'ai faites avec les quatre autres graines j'ai beaucoup appris : aussi suis-je prudent, cette fois, dans mes réflexions, évitant d'agir à la hâte. Quand j'y vois suffisamment clair, je m'entretiens encore une fois avec Jésus. Je lui offre ma décision et lui demande de la bénir. Alors, sous le regard de Jésus, je lance ma dernière graine.

*Fécondité.*

Jésus dit : « C'est la gloire de mon Père que vous portiez beaucoup de fruit » (Jn 15, 8), mais peu après, il nous rappelle qu'il ne suffit pas de porter beaucoup de fruits : il faut que le fruit demeure. « Je... vous ai établis pour que vous alliez et portiez du fruit et que votre fruit demeure » (Jn 15, 16). Or qu'est-ce qui demeure, sinon l'amour ? Quand nous verrons Dieu face à face, même la foi et l'espérance auront terminé leur carrière ; seul l'amour est éternel. C'est Jésus ressuscité qui nous rend capables de porter ce fruit qui demeure, l'amour. Le Christ « est ressuscité des morts, afin que nous fructifiions pour Dieu » (Rm 7, 4). Dans notre mission, le Christ glorifié est présent et agissant.

La fécondité est une notion essentielle dans la Bible. Parfois c'est la stérilité que l'Écriture dénonce, comme dans le chant de la vigne d'Isaïe (5, 1-7) ou dans la parabole de Jésus sur le figuier stérile (Lc 13, 6-9). Mais le plus souvent elle fait l'éloge de la fécondité. En voici un bel exemple — le fleuve de vie qui coule du seuil du temple (Ez 47, 9.12) : « Partout où passera le torrent, tout être vivant qui y fourmille vivra. Le poisson sera très abondant, car là où cette eau pénètre, elle assainit, et la vie se développe partout où va le torrent... Au bord du torrent, sur chacune de ses rives, croîtront toutes sortes d'arbres fruitiers dont le feuillage ne se flétrira pas et dont les fruits ne cesseront pas : ils produiront chaque mois des fruits nouveaux, car cette eau vient du sanctuaire. Les fruits seront une nourriture et les feuilles un remède. » Cette image grandiose est reprise dans le dernier chapitre de la Bible (Ap 22).

Dans ses paraboles du Royaume de Dieu, Jésus fait volontiers des comparaisons avec la fécondité du monde végétal, par exemple avec la graine de moutarde qui est la plus petite de toutes les semences, et au terme de sa croissance devient le plus grand de tous les arbustes (Mt 13, 31-32) ; ou encore avec l'ivraie au milieu du champ de blé (Mt 13, 24-30, 36-43), ou enfin avec ces quatre terres de qualité différente, dans lesquelles le semeur jette sa semence (Mt 13, 3-9, 18-23 ; voir aussi p. 87). L'image la plus frappante et la plus convaincante est sans aucun doute celle de la vigne et des sarments dont la fécondité dépend entièrement de leur lien avec le cep (Jn 15, 1-17).

Nous croyons comprendre : tout cela est tellement évident ! Porter du fruit, cela signifie produire quelque chose ; être productif, c'est faire du profit, être rentable. L'autre face de la médaille nous est bien connue aussi : un sarment qui ne porte pas de fruit est improductif, donc inutile, et il faut le retrancher. Sans le remarquer, nous interprétons le texte biblique selon les critères de notre société de rentabilité, et ainsi nous passons à côté du véritable message. Nous avons effectivement du mal à comprendre dans son authenticité ce que la Bible veut nous dire en ce domaine.

*La société et son impératif d'efficience.*

Le monde dans lequel nous vivons est dominé par cet impératif d'efficience. Cette drogue nous est transmise par l'air même que nous respirons. Nous avons tous fait nôtre ce slogan : Je suis ce que je fais. Jour après jour, de mille façons, on nous injecte cette hantise de l'efficience. Dès l'enfance, on apprend que tout doit être gagné : l'argent bien sûr, la carrière, mais aussi la reconnaissance, l'acceptation par les autres, la gratitude... et même l'affection. Beaucoup d'entre nous ont très tôt fait l'expérience qu'un échec dans telle ou telle activité pouvait entraîner une privation d'amour. Il nous semblerait presque que la seule justification de notre existence soit sa productivité. Même à un âge avancé, on est encore esclave de cette obsession du rendement. La productivité est la norme d'après laquelle nous évaluons notre propre valeur et celle des autres. Nous sommes entraînés à nous demander sans cesse : Qu'ai-je réalisé ? Quel est mon rendement ?

Lorsque nous rencontrons quelqu'un pour la première fois, nous éprouvons le besoin de le situer. Il est intéressant de constater que nous n'avons rien de plus pressant à demander que ceci : Quelle est sa profession ? Qu'a-t-il réalisé jusqu'à présent ? Après cela, nous savons à quoi nous en tenir.

Malheureusement, cette mentalité sévit aussi dans l'Église et dans les ordres religieux ; elle n'y a pas moins de virulence, au contraire. Freud, et plus encore son disciple renégat Adler, pourraient sans peine expliquer ce phénomène selon leur point de vue.

En fait, cette mentalité est si insidieuse que je voudrais en donner quelques exemples, afin de la mettre en lumière. Jean Vanier, le fondateur de l'Arche, visitant une école dans son propre pays, le Canada, y remarqua une affiche portant cette inscription : « C'est un crime de ne pas exceller. » Il fut indigné de voir que de jeunes enfants impressionnables étaient soumis à un tel lavage de cerveau. Beaucoup de personnes se plaignent d'avoir trop de travail, de ne plus savoir où donner de la tête entre les rendez-vous, les appels téléphoniques et le courrier qui s'entasse, etc. Mais, parfois, on a l'impression que ces surmenés ne voudraient pas qu'il en fût autrement. Leur lamentation sonne un peu comme une autoglorification déguisée. « Ne pas avoir le temps » est devenu une preuve d'excellence, cela montre à quel point on est actif, à quel point nos services sont demandés. Le concept « pas le temps » n'est pas inscrit au passif de la personne, comme s'il lui manquait quelque chose, mais considéré comme positif, comme un symbole de prestige. Dans le catalogue que les religieux publient chaque année, on trouve la liste des membres de leur ordre accompagnée des responsabilités qu'ils assument. Si l'âge ou la maladie leur interdisent d'exercer une charge, il leur reste toujours la mission si vaste et si riche de prier pour l'Église et pour la communauté : « *Orare pro fratribus et communitate* ». Un supérieur me racontait comment un religieux de plus de quatre-vingt-dix ans avait contesté cette assignation derrière son nom. Il voulait qu'on y mît quelque fonction plus active ! Que de fois telle sœur ou tel frère âgé, n'exerçant plus de charge, dans la communauté m'ont dit : « Père, je voudrais encore rendre service. » Si louable soit ce désir, il cache souvent un autre message : « Je voudrais encore compter pour quelque chose. » Bien des gens ont tendance à s'astreindre à un programme de travail ou même de prière qui dépasse leurs forces, alors qu'ils pourraient faire le même travail plus simplement ou plus rapidement. Ainsi ces personnes se mettent elles-mêmes, sans nécessité, dans une situation de stress, pour se donner le sentiment « bienfaisant » d'être indispensables. Les communautés religieuses sont loin d'être à l'abri de ce travers, qui pourtant va à l'encontre du cœur contemplatif de leur vocation. L'exemple le plus subtil de cette hantise de l'efficience, je l'ai trouvé dans l'ouvrage d'un trappiste allemand, qui raconte la confidence qu'un vieux frère fait à son abbé : « Le monde serait stupéfait s'il savait la quantité de bois que j'ai fendu durant ma vie. » Cette phrase est au conditionnel et exprime une hypothèse. Le frère considère qu'il s'agit d'une situation imaginaire : il a accepté que le monde ne sache jamais rien de cette énorme quantité de bois fendu ; et cependant il nourrit une secrète satisfaction à l'idée que cet exploit frapperait le monde de stupeur s'il venait à l'apprendre.

Le besoin de réaliser quelque chose ne répond pas forcément à un désir caché de profit, de renommée, ou encore à une soif de pouvoir. Cela peut être lié à un véritable sens de la responsabilité. Ceux qui ont les yeux ouverts sur les besoins des autres ressentiront tout particulièrement cette détresse comme un appel au secours, qu'il soit exprimé ou non. Mais même en ce cas, il faut examiner avec soin ce à quoi l'on s'engage. Il ne faut pas que par là notre vie de famille, de communauté et même nos loisirs soient totalement sacrifiés ; il faut savoir garder une saine distance, tenir compte de nos propres limites et voir clairement quelles sont nos vraies motivations. Je voudrais dire, du fond du cœur, combien sincèrement j'espère que notre disponibilité et notre générosité ne seront pas étouffées par toutes ces conditions.

*Points communs et différences.*

La ligne de partage entre fécondité et efficience est souvent très mince. En fait, les deux réalités se chevauchent, et il serait simpliste de vouloir construire une opposition radicale entre elles. Toutes deux, fécondité et efficience, exigent de l'engagement, de la discipline et un dur travail. C'est un labeur astreignant que de préparer le terrain, le labourer, y mettre l'engrais, le herser et l'ensemencer, puis protéger et rentrer la récolte. La fécondité et l'efficience ont incontestablement un point commun : la peine et l'effort que chacune d'elle, à sa manière, exige de nous. Cela dit, les différences me paraissent aujourd'hui l'emporter sur les points communs. J'ai fini par en trouver au moins une douzaine qui, je l'espère, nous aideront à entrer mieux et plus profondément dans la compréhension de la Bonne Nouvelle.

# CHAPITRE X

# LA PART DU MYSTÈRE

La fécondité comporte une part de mystère. Nous ne savons pas comment la semence prend racine, se met à croître et à porter du fruit ; bien plus, nous n'avons que peu d'influence sur ce processus de la croissance.

Non, il n'est pas en ton pouvoir de faire éclore le bouton.
Secoue-le, frappe-le, tu n'auras pas la puissance de l'ouvrir.
Tes mains l'abîment ; tu en déchires les pétales et les jettes dans la poussière.
Mais aucune couleur n'apparaît, et aucun parfum.
Ah ! il ne t'appartient pas de le faire fleurir.
Celui qui fait éclore la fleur travaille si simplement.
Il y jette un regard, et la sève de la vie coule dans ses veines.
À son haleine, la fleur déploie ses ailes et se balance au gré du vent.
Comme un désir du cœur, sa couleur éclate, et son parfum trahit un doux secret.
Celui qui fait éclore la fleur travaille si simplement [1].

La fécondité a besoin d'intimité et de confiance. Enfants, nous avons peut-être eu du mal à croire que la semence allait se développer et devenir une plante, cela nous semblait si invraisemblable ! Alors, de nos petits doigts, nous avons four-

---

1. Rabindranath TAGORE, *La Corbeille de fruits*, Gallimard, Paris, 1949.

ragé dans la terre, pour vérifier... mais à chaque fois, la semence s'en était allée. La fécondité demande confiance et abandon, une attitude d'ouverture et de souple disponibilité. Laissons les choses advenir, laissons-les se faire. Une des conditions essentielles de la fécondité est la capacité d'attendre avec patience. Il faut être attentif, engagé, mais sans tension ni volonté de maîtriser le cours des choses. Jésus illustre cette attitude dans cette belle et courte parabole du Royaume (Mc 4, 26-29) : « Il en est du Royaume de Dieu comme d'un homme qui aurait jeté du grain en terre : qu'il dorme [et] qu'il se lève, nuit et jour, la semence germe et pousse, il ne sait comment. D'elle-même, la terre produit d'abord l'herbe, puis l'épi, puis plein de blé dans l'épi. Et quand le fruit s'y prête, aussitôt il y met la faucille, parce que la moisson est à point. »

La fécondité est un mystère auquel nous sommes invités à nous confier. L'esprit d'efficience au contraire veut garder autant que possible la maîtrise de tout. En effet, celui qui est mené par cet impératif d'efficience doit faire tourner tous les rouages de la machine, et donc avoir la haute main sur tout. Ni la confiance, ni encore moins l'abandon, ne sauraient avoir une place dans cette approche de la réalité. Les plans quinquennaux des anciens pays communistes en étaient des exemples typiques ; le mot clé du système était « contrôle ».

En réfléchissant à notre vie personnelle et communautaire, nous aurons vite compris ce qui se passe. Dès lors qu'on veut posséder les valeurs fondamentales de la vie, l'amour, l'amitié, le contentement, la joie et même la santé : on se raidit, on se tend, comme cette femme qui disait : « Je ne puis me permettre aucun moment de faiblesse, sinon quelque chose va mal tourner. » Elle ne s'apercevait visiblement pas que quelque chose de tout à fait vital en elle allait mal, du fait même de son attitude extrêmement tendue.

L'Écriture confirme cette sagesse naturelle. Si l'on veut s'emparer des fruits de l'Esprit — l'amour, la joie, la paix, la patience (Ga 5, 22) —, on les perd. La foi, l'espérance et l'amour nous sont continuellement offerts, mais seules des mains ouvertes peuvent les recevoir. En effet, ces vertus théologales ne procurent aucun pouvoir ; par elles-mêmes elles n'apportent aucun avantage concret. En recherchant exclusivement ou prioritairement le profit, on assèche les sources de la vie humaine.

Durant sa vie publique Jésus a guéri des aveugles, des paralytiques, des lépreux ; ces miracles étaient des signes, et Jésus a eu à combattre cette mentalité qui recherche uniquement les avantages concrets et les biens terrestres et non l'authenticité de la foi. « Si vous ne voyez des signes et des prodiges, vous ne croirez pas ! » (Jn 4, 48.)

*Respecter la nature.*

La fécondité est chose naturelle et saine. Elle est dans l'ordre de la nature, chaque être vivant portant en soi la semence d'une vie nouvelle. Au troisième jour de la création, Dieu dit : « Que la terre verdisse de verdure : des herbes portant semence et des arbres fruitiers donnant sur la terre selon leur espèce des fruits contenant leur semence » (Gn 1, 11). Le sixième jour, Dieu créa toutes les espèces d'animaux, et au sommet de son œuvre créatrice « Dieu créa l'homme à son image, à l'image de Dieu il le créa, homme et femme il les créa. Dieu les bénit et leur dit : "Soyez féconds, multipliez, emplissez la terre et soumettez-la" » (Gn 1, 27-28). La fécondité respecte les lois de la nature et la dignité humaine.

L'esprit d'efficience, au contraire, se déploie souvent au détriment de la nature : nous en avons fait l'expérience douloureuse ces dernières années, comprenant combien notre société de productivité à outrance a violenté la terre pour l'amour du profit. À force d'améliorer artificiellement le rendement, dans les domaines de l'agriculture, de l'élevage et de la pêche, on a épuisé la terre, la mer et les rivières. La technologie moderne, surtout, a exploité la nature plus que de raison, abîmant l'environnement nécessaire à notre vie : la fécondité du sol, la propreté de l'eau, la pureté de l'air et enfin la couche protectrice d'ozone. Le système immunitaire de notre planète est atteint. À force d'empiéter sur la nature, nous déclenchons dans tous les pays, et pas seulement dans le tiers monde en proie à la pauvreté, des maladies nouvelles dont le sida est la plus dévastatrice, mais non point l'unique.

De la même façon, un activisme excessif peut nous détruire. On s'impose des efforts ruineux pour la santé en vue de produire plus qu'on ne le peut réellement, et, au bout d'un certain temps, on est épuisé par cette maladie de la compétition et à bout de souffle. On se sent exténué, vidé et, contrairement aux apparences, dévalué. À l'horizon se dessine le terrible danger d'une usure irréversible. Ce n'est certainement pas ce que Dieu avait en vue lorsqu'il trouvait sa création « très bonne ».

Non seulement un surcroît de travail peut nuire à l'individu, mais la famille et la communauté peuvent aussi se retrouver lésées par suite d'un travail excessif. Il ne reste plus assez de loisir pour tout simplement se réjouir d'être ensemble. L'intérêt sincère que chacun devrait porter à ceux avec qui il vit est comme miné de l'intérieur, car la passion de l'efficience ne peut que refroidir impitoyablement les relations humaines. Quand nous découvrons de quel prix insensé nous payons notre carrière et notre réussite, il est souvent trop tard. Si seulement nous avions reconnu plus tôt à quel point notre façon de vivre était devenue destructrice, bien des divorces ou des déchirements de communautés auraient pu être évités.

De même, accorder trop d'importance à cette mentalité d'efficience et de compétition, c'est grever notre vie spirituelle qui est essentiellement communion avec Dieu : la relation avec Dieu est en effet, plus que toute autre, sans défense devant cet activisme forcené. La prière est une activité extrêmement fragile ; toute autre chose : travail, visite, coup de téléphone, nouvelles ou détente, s'impose à nous plus impérativement que ce temps à donner à Dieu. C'est justement à cause de cette vulnérabilité que la prière doit être particulièrement protégée. Nous savons tous combien un bébé est un être délicat, nous le traitons donc instinctivement avec beaucoup de sollicitude, et évitons de le mettre dans un endroit qui risque d'être dangereux pour lui. De même, nous devons ménager à notre prière une place où elle ne risque aucun dommage. Dans un monde où l'efficience est la valeur suprême, notre vie spirituelle sera toujours à contre-courant : « Le grand mystère de la fécondité, c'est qu'elle ne se manifeste que là où l'on renonce à vouloir contrôler la vie, pour prendre le risque de laisser celle-ci révéler ses propres mouvements intérieurs. Chaque fois que nous faisons confiance, que nous nous abandonnons au Dieu d'amour, des fruits paraissent sans tarder, car ils mûrissent spontanément sur un sol riche d'amour intime. On ne peut les fabriquer, ils ne sont pas le produit d'un savoir-faire qu'on peut reproduire à loisir [1]. »

*Accepter les faiblesses.*

Heureux ou malheureux, la nature a ses hasards. Tous les fruits qu'elle produit ne sont pas parfaitement formés. Certains seront difformes ou rabougris. Dans le champ de blé, l'ivraie pousse parmi le froment. Dans le Royaume des Cieux, il est permis à l'un et à l'autre de croître jusqu'au temps de la moisson (Mt 13, 30). Si l'on arrachait l'ivraie, comme le proposent les serviteurs, le froment serait lui aussi perdu.

Une profonde sagesse se cache derrière cette invitation à la patience. Ceux qui, dans leur impatience, veulent atteindre à une perfection sans défaut, se font grand tort à eux-mêmes et en font autant aux autres. L'histoire de l'Église nous fournit maints exemples de fanatisme et de cruautés prétendûment perpétrées au nom de Dieu. C'est ainsi qu'ont été anéanties des choses bonnes qui avaient pu se développer pendant des siècles. Dans bien des cas, la communauté s'en est trouvée divisée, ce qui a causé bien des souffrances. C'est souvent de la violence pure, déguisée en valeur spirituelle. Celui qui ne peut supporter la présence de l'ivraie parmi le froment n'a pas l'esprit de Jésus et ne peut faire partie de ses disciples. Ni

---

1. Henri J. M. NOUWEN, *Lifesigns-Intimacy, Fecundity and Ecstacy in Christian Perspective*, Doubleday, Garden City, New York, 1986, p. 65.

nous-mêmes ni nos communautés n'atteindront jamais une perfection sans tache. Jésus le savait très bien, qui a voulu incorporer cette saine sagesse au fondement de cette Église. À l'heure de la moisson, Dieu sera le juge, nous ne le serons jamais ; et nous devons encore moins l'être prématurément.

La nature même de la fécondité permet les faiblesses et les fautes ; Dieu ne nous a-t-il pas appelés par notre nom (voir Is 43, 1), c'est-à-dire nous, tels que nous sommes, et non tels que nous devrions être ? « Vous êtes à moi » dit-il, vous tout entiers, avec tout ce que vous êtes, pas seulement avec vos points forts. Jésus est l'image parfaite de son Père. Bon Pasteur, lui aussi appelle ses brebis « une à une et il les mène dehors » (Jn 10, 3). Et, là encore, il n'appelle pas seulement les brebis sans tache ni défaut — et d'ailleurs, combien y en aurait-il ? — il les appelle toutes.

C'est une spécificité de l'Évangile, que « la puissance [du Seigneur] se déploie dans la faiblesse (2 Co 12, 9). En fait, « nous savons qu'avec ceux qui l'aiment, Dieu collabore *en tout* pour leur bien » (Rm 8, 28). En tolérant nos insuffisances et nos fautes, Dieu crée en nous une ouverture qui nous permet de pressentir et d'accueillir bien plus de réalités que ne le ferait quelqu'un d'intransigeant ; or c'est souvent une ouverture à l'amour et à Dieu.

Le désir de l'efficience à tout prix met l'accent uniquement sur la force et la puissance ; il vise en effet à réprimer toute faiblesse. « Je ne puis me permettre aucun moment de faiblesse, sinon quelque chose va mal tourner », disait la femme. Ce propos est symptomatique d'une mentalité qui s'attache aux résultats et qui transforme en idoles la compétence et le succès. Se donnant totalement à la compétition, l'esprit d'efficience se fixe lui-même le but qu'il veut atteindre, et, écartant tout ce qui lui fait obstacle, devient impitoyable.

Quand je vais nager, le samedi matin, à la piscine voisine, je rencontre régulièrement un homme plus très jeune qui tient absolument à faire dans le minimum de temps le maximum de longueurs de bassin. C'est un spectacle navrant, on dirait qu'il ne prend aucun plaisir à cet exercice. Les ondes qui m'atteignent me transmettent ce message : Ôte-toi de mon chemin. Je vois là le symbole de la société d'efficience à tout prix. Les signaux corporels ne sont plus entendus, les sentiments sont ignorés, les relations négligées ou ravalées au rang de moyens. Le désir d'être compétent ne tarde pas à se transformer en concurrence impitoyable. Tout ce déploiement de force est malsain ! Ce n'est pas ainsi que nous devons vivre. Ce n'est pas cela le Royaume de Dieu. Le rêve de Dieu pour nous est beaucoup plus riche.

En 1145, un ancien moine de Clairvaux est élu pape et prend le nom d'Eugène III. À sa demande, son ami Bernard, qui est aussi son ancien abbé, lui écrit une longue lettre, on pourrait dire un petit traité, plein d'amour et de sollicitude. Cette lettre fut suivie de quatre autres. L'une des premières pages est centrée sur le danger d'être surchargé d'occupations, ce qui peut conduire à la dureté de cœur. Saint Bernard insiste : la liste des activités et des rendez-vous du pape doit être réduite. Voici quelques échantillons des leçons de saint Bernard :

> Voilà précisément pourquoi j'ai toujours redouté pour vous, et je redoute encore, qu'après avoir trop tardé à chercher un remède à votre douleur, ne pouvant plus l'endurer davantage, vous ne vous jetiez de désespoir dans un malheur irréparable : oui, j'ai peur qu'au milieu de vos occupations sans nombre, perdant tout espoir d'en voir jamais la fin, vous ne finissiez par vous y faire et vous y endurcir, au point de n'en même plus ressentir une juste et utile douleur. Soyez prudent, sachez vous soustraire pour un temps à ces occupations si vous ne voulez point qu'elles vous absorbent tout entier, et vous mènent peu à peu là où vous ne voulez point aller. — Où cela ? me direz-vous peut-être. — À l'endurcissement du cœur, vous répondrai-je. Après cela n'allez pas me demander ce que j'entends par là ; c'est un abîme où l'on est déjà englouti dès qu'on n'en a plus peur. Il n'y a que le cœur endurci pour ne se point faire horreur à lui-même, parce qu'il ne se sent plus. Ne m'en demandez pas davantage sur ce point, adressez-vous plutôt à Pharaon. Jamais un homme au cœur endurci ne s'est sauvé, à moins que Dieu, dans sa miséricorde, ne lui ait ôté son cœur de pierre, comme dit le Pro-

phète, pour lui en donner un de chair (voir Ez 36, 26). Enfin, pour le prendre en un mot, c'est un cœur fermé à la crainte de Dieu et des hommes (voir Lc 18, 4). Voilà où toutes ces maudites occupations qui vous absorbent ne peuvent manquer de vous conduire, si vous continuez, comme vous l'avez fait jusqu'ici, à vous y livrer tout entier, sans rien réserver de vous-mêmes. Vous perdez votre temps, et si vous me permettez en m'adressant à vous d'employer le langage de Jéthro (Ex 18, 18), vous vous consumez dans un travail insensé qui n'est propre qu'à tourmenter l'esprit, épuiser le cœur et vous faire perdre la grâce. Je ne puis, en effet, en comparer les fruits qu'à de fragiles toiles d'araignées [1].

---

1. *De consideratione*, I, II. Trad. fr. par P. Dallon, *De la considération*, Éd. du Cerf, coll. « Pères latins », 182, 730, Paris, 1986.

# CHAPITRE XI

# LA DIMENSION CONTEMPLATIVE

## *Contemplation dans l'action*

Henri Nouwen avait quarante-deux ans lorsqu'il demanda un congé à la Divinity School de l'université de Yale pour aller passer sept mois parmi les trappistes de Genesee (État de New York). Là, il partagea la vie quotidienne des moines. Au bout d'une semaine, il écrivit ces lignes dans son journal :

> Je devrais sans doute commencer par réfléchir davantage à mon attitude face au travail. Si j'ai appris quelque chose cette semaine, c'est qu'il y a une manière contemplative de travailler qui est plus importante pour moi que la prière, la lecture et le chant. La plupart des gens pensent qu'on va au monastère pour prier. Oui, j'ai prié davantage cette semaine qu'auparavant, mais j'ai aussi découvert que je n'avais pas encore appris à faire du travail de mes mains une prière.

Cela semble être pour lui une découverte essentielle et si nouvelle qu'il n'est pas encore capable de la traduire en mots. Six mois plus tard, il détaille davantage ses impressions :

> Si je pouvais arriver peu à peu à cette confiance en Dieu, à cet abandon, à cette ouverture qui est enfance, bien des tensions et des soucis disparaîtraient ; démasqués, ils montreraient ce qu'ils sont: de faux soucis, vides de sens, inutiles, ne valant ni le temps ni l'énergie qu'on a dépensés pour eux. Alors ma vie serait simple. Ma prédi-

cation, mon enseignement, mes lectures, mes consultations, seraient comme différentes formes de ma vie contemplative. Alors mon esprit serait sans doute plus ouvert à d'innombrables choses que je ne remarquais pas auparavant, et auxquelles je suis resté sourd jusqu'à maintenant. Alors je ne me ferais plus de souci pour ma réputation, ma carrière, mon succès, ma popularité, mais je serais ouvert à la voix de Dieu et à celle de son peuple. Alors, je saurais probablement mieux quelle activité vaut ou non la peine d'être entreprise, quelles conférences accepter ou refuser, à qui donner mon temps et envers qui garder mes distances. Alors je serais très probablement délivré de la tyrannie des passions qui m'entraînent à lire de mauvais livres, à m'attarder en de mauvais endroits et à perdre mon temps en mauvaise compagnie. Alors, sans doute, j'aurais beaucoup plus de temps pour prier, lire et étudier et je serais toujours prêt à annoncer la parole de Dieu au bon moment. Partout où je serais, à la maison ou chez moi, à l'hôtel, en train, en avion ou dans un aéroport, je cesserais de me sentir agacé, inquiet et toujours désireux d'être ailleurs et de faire autre chose [1].

Ce qui a fait une si forte impression sur Nouwen, c'est l'élément contemplatif du travail. Tout son journal témoigne que les moines ne manquent pas d'ardeur au travail, mais que leur labeur ignore la tension caractéristique de la plupart de ceux qui travaillent dur. Au monastère, le travail s'accomplit dans la même transparence à la présence de Dieu que la prière. Plus nous surmontons notre égocentrisme, plus nous nous faisons transparents à la présence de Dieu. Si sans cesse nous sommes occupés à édifier notre moi, nous en arrivons subrepticement à utiliser Dieu pour nos fins personnelles. L'esprit d'efficience étouffe la dimension contemplative. Une machine où se produisent trop de frottements présente au moins quatre inconvénients flagrants : elle consomme trop, produit peu, fait beaucoup de bruit et doit souvent être refroidie. Ceux dont le travail est trop déterminé par les exigences du moi présentent

---

1. Henri J. M. Nouwen, *Un étranger au paradis. Journal de la Trappe*, Desclée de Brouwer, Paris, 1978, 8 juin et 20 juillet.

les mêmes défauts. Ils deviennent opaques, la lumière de Dieu ne passe plus.

Lors d'une conversation enrichissante avec le prieur d'un monastère camaldule, je demandai à mon interlocuteur quel était à son avis le plus grand sacrifice qu'exigeait la vie monastique. Avec un grand sourire, il commença par écarter quelques malentendus courants, puis il dit, sûr de ce qu'il avançait : « À la longue le plus dur est de ne pas pouvoir vraiment se réaliser. » Le contexte montrait qu'il entendait cette sorte de réalisation de soi qui repose sur le travail accompli et la satisfaction qui en résulte. La vie contemplative renonce à la réussite extérieure, c'est justement la raison qui empêche les personnes du dehors, parfois même de bons catholiques, d'accepter pleinement les monastères contemplatifs et leur genre de vie. C'est aussi la raison pour laquelle plusieurs fois, au cours de leur histoire, des communautés monastiques ont été expulsées de leur pays, même les chartreux de la Grande-Chartreuse ! Car elles ne sont pas productives au sens où l'entend le monde. De ce point de vue, elles sont vraiment disciples du Christ qui a connu la même incompréhension radicale. Il parlait du Dieu d'amour et de l'amour de Dieu. Mais l'amour n'est pas en soi rentable. Finalement, Jésus a déçu tous ceux qui ne cherchaient que des résultats palpables. La réussite n'est pas un des traits caractéristiques de Jésus.

Si le moine ou la moniale demeurent fidèles à ce renoncement au succès, et approfondissent cette attitude, leur travail devient prière. La transparence du don de soi supprime la distance entre la contemplation et l'action. Avec les années, elles ne font plus qu'un.

Qui veut être contemplatif dans l'action doit remplir la même condition. C'est sans doute un noble idéal, mais le prix en est très élevé et ne peut être payé en une quelconque monnaie étrangère : non, nous devons donner de notre plus intime trésor. Nous devons surmonter notre égoïsme et la subtile recherche de notre intérêt personnel. Ce qui compte, ce n'est pas tant ce que nous faisons, mais *pourquoi* et *comment* nous le faisons ; c'est cela qui fait de notre activité un lieu sacré où Dieu peut être présent, agissant, comme le maître d'œuvre. Comme celui des moines, notre travail n'en sera pas moins productif, mais il sera désintéressé. Cette manière de travailler est un précieux service à rendre à nos contemporains. Ce serait en effet une vraie bénédiction de n'avoir pas à prendre le bâton de pèlerin pour se rendre à l'abbaye de Genesee ou à quelque autre monastère, afin d'y faire l'expérience d'une manière de travailler qui soit aussi une prière. L'exemple de cette façon de travailler unie à la prière est, en fait, plus important que tout ce que notre travail peut réaliser ; n'est-ce pas ce que tant de gens vont chercher parfois très loin, jusqu'en Inde ou au Japon ?

*Gratuité.*

Pour Ignace et ses premiers compagnons, la gratuité était d'une importance vitale. Ce point est mentionné dans la première esquisse des futures constitutions (appelée « formule de l'Institut »), et il ne cessera d'être repris par la suite. Les premiers jésuites avaient appris par expérience quels graves dommages avait subis l'apostolat du fait de la cupidité du clergé. Des secteurs entiers du ministère sacerdotal avaient été négligés à cause de ce vice. Ce mauvais exemple causait plus de tort à la foi du peuple que ne faisaient de bien toutes leurs bonnes paroles. Les « amis dans le Seigneur » voyaient dans la gratuité du ministère un moyen radical de réformer l'Église en sa tête et ses membres, car c'était attaquer le mal à sa racine même.

Toutefois, quelle que soit l'importance du problème, la gratuité est loin de n'être qu'un remède aux désordres du ministère apostolique. Dans l'Évangile, la gratuité a une motivation bien plus profonde que le désir de servir l'Église avec plus d'efficacité. Elle est une attitude fondamentale de celui qui veut suivre le Christ. « Vous avez reçu gratuitement, donnez gratuitement » (Mt 10, 8). Les 31$^e$ et 32$^e$ congrégations générales des Jésuites (1965 et 1974-1975) ont un peu assoupli la forme canonique de la gratuité pour prendre en compte l'évolution qui s'est opérée dans la société, concernant le fait de « gagner sa vie » et de « mendier ». Notre apostolat n'en reste pas moins comme auparavant enraciné dans la gratuité évangélique, qui embrasse bien plus que les seules réalités financières.

Non seulement nos dons et nos talents, mais également toute notre vie, sont un don gratuit de Dieu. Son amour nous a appelés à la vie sans condition. Parce qu'il est le premier, l'amour de Dieu est l'ultime fondement de notre être. Nous n'avons pas à gagner par nos œuvres notre droit à l'existence : notre vie nous a été donnée gratuitement sans mérite de notre part. En effet, l'amour de Dieu qui est l'origine de notre vie ne peut s'acheter ; il ne peut pas non plus se perdre. Il est inconditionnel ; sa mesure se prend du côté de Dieu et non du nôtre, encore moins en fonction de notre efficacité.

La gratuité donne à notre vie la transparence qui permet d'en laisser entrevoir la source. La gratuité est le moyen réaliste de montrer que notre vie est libre, qu'elle est un pur don, sans calcul, qui a pour seul motif la joie que Dieu trouve à notre existence. Puisque notre vie est un don gratuit, nous donnons à notre tour sans calcul : telle est la gratuité.

En 1992, les évêques allemands ont publié une lettre pastorale sur le ministère sacerdotal, visant principalement à encourager les prêtres à une époque où l'exercice de leur ministère devient de plus en plus difficile. Les évêques y soulignaient cette dimension vitale de l'apostolat : « L'efficacité de la mission sacerdotale vient de sa gratuité. Les fruits ne poussent pas sur ordre, mais, en règle générale, d'eux-mêmes [1]. »

C'est une libération de savoir que nous ne devons pas nous préoccuper anxieusement des résultats tangibles dans notre ministère et dans notre vie de foi. Ce n'est pas la quantité qui compte. Bien sûr, nous éprouvons de la satisfaction et de la

---

1. Lettre des évêques d'Allemagne sur le ministère des prêtres, 24 sept. 1992, p. 15.

joie à atteindre beaucoup de monde ; il est certes permis de se réjouir de ce succès, s'il nous est accordé, mais il ne faut pas bâtir là-dessus. Il n'est pas nécessaire d'être influent à tout prix. Vivre et célébrer notre foi a beaucoup de sens, même si nous ne sommes qu'une petite minorité et que nous ne parvenons jamais à vivre exactement selon l'Évangile. C'est ainsi qu'on porte beaucoup de fruit, sans pouvoir jamais vraiment en faire le compte.

Vivre la gratuité, c'est un vœu inscrit profondément dans le cœur de tout homme. Dans une société si impitoyablement polarisée sur l'efficience, où l'on ne se soucie de l'individu que dans la mesure où il est rentable, il reste en chacun de nous un puissant désir d'être estimé pour ce qu'il est et non pour ce qu'il réalise. La gratuité qui a présidé à notre création demeure vivante en nous, comme une aspiration très profonde que des réalisations extérieures ne peuvent satisfaire, quel que soit leur succès. Nous voulons tous compter plus que nos œuvres. Montrer aux hommes et aux femmes d'aujourd'hui comment apaiser cette faim est un des services primordiaux de notre apostolat.

Les personnes qui ignorent ce besoin fondamental et vivent uniquement dans un esprit d'efficience se préparent un désastre. Tôt ou tard, leur capacité de produire va diminuer ou peut-être cesser complètement. La personne qui s'est totalement identifiée à son seul travail va être précipitée dans une crise d'identité. S'il n'existe pas un niveau plus profond où l'on puisse se rétablir, la crise est totale et la vie perd toute signification. C'est un spectacle navrant que de voir s'effondrer des personnalités dont certaines, jadis, avaient connu de grands succès. Lorsque ces gens durent cesser leur activité, il était trop tard pour qu'ils puissent changer de mentalité. L'âge fait apparaître au grand jour ce qui l'a précédé. Si notre ministère peut aider à éviter cette destruction, ne serait-ce qu'à quelques personnes, nous aurons fait beaucoup de bien. La société d'efficience applaudit ceux qui ont de grands succès à afficher, surtout s'ils ont commencé au bas de l'échelle. Le même système se montre impitoyable envers ceux qui, selon ses critères, n'ont pas réussi. Faire du succès une idole, aboutit, comme toute idolâtrie, à une déshumanisation. Quels que soient les bienfaits de la Sécurité sociale, notre société se montre souvent très dure envers ceux qui ont manifestement échoué ; pour ces derniers, la gratuité sera un signe très précieux qui pourra redonner un sens à leur vie.

La gratuité ne nous fait pas seulement considérer notre vie comme un libre don du Créateur, elle nous révèle aussi que notre Dieu est un Dieu généreux, généreux jusqu'au don de lui-même (ES 234 : *Deus communicans*). Le mystère de la Sainte Trinité est don réciproque : le Père se donne tout entier au Fils qui se donne en retour au Père sans rien garder pour lui ; le Saint-Esprit est don et lien d'amour, non comme quelque chose qui unit, mais en tant que personne. Cet échange d'amour-don de soi entre les trois personnes trinitaires est la source de tout amour, et donc de toute vie. La création tout entière est écho du mystère trinitaire. le fruit du don incessant que Dieu fait de lui-même. La gratuité cherche à sauvegarder cette générosité dans un monde qui s'apprête bel et bien à l'exclure.

*Comme le grain de blé.*

Dans une image puissante en sa simplicité, Jésus propose à notre attention le principe fondamental de toute fécondité : « En vérité, en vérité, je vous le dis, si le grain de blé tombé en terre ne meurt pas, il demeure seul ; mais s'il meurt, il porte beaucoup de fruit » (Jn 12, 24). Il est vrai que si la fécondité coûte cher, l'efficience aussi est onéreuse. Mais cette règle intempestive, qui demande qu'on se perde soi-même, n'a jamais été prônée par notre société d'efficience ; au contraire, cette vérité lui répugne profondément. L'Évangile nous l'enseigne en toute clarté : « Qui veut en effet sauver sa vie la perdra, mais qui perdra sa vie à cause de moi la trouvera. Que servira-t-il donc à l'homme de gagner le monde entier, s'il ruine sa propre vie ? Ou que pourra donner l'homme en échange de sa propre vie ? » (Mt 16, 25-26.)

Jésus n'a pas seulement prêché cette sagesse de vie et de mort, il l'a *vécue*. Elle constitue le cœur même de son existence : le mystère pascal. L'Évangile tout entier est centré sur l'unité inséparable de la mort et de la résurrection de Jésus ; tout l'Évangile doit être lu dans la lumière de ce mystère central. « C'est la gloire de mon Père que vous portiez beaucoup de fruit » (Jn 15, 8). Pour pouvoir porter ces fruits, nous devons demeurer dans l'amour de Jésus ; c'est là, dans cet amour, que nous avons part au mystère qui est le nœud de toute son existence et de toute sa mission : le mystère pascal.

Dans une perspective un peu différente, Rabindranath Tagore exprime une pensée analogue, très profonde : « Ma vie à son aurore était pareille à la fleur — la fleur épanouie qui laisse tomber un ou deux de ses pétales, et ne sent point sa perte quand la brise du printemps vient quêter à sa porte. Aujourd'hui que sa jeunesse est finie, ma vie est pareille au fruit qui n'a plus rien à épargner : elle attend pour s'offrir tout entière, avec tout son fardeau de douceur[1]. » Se livrer ainsi, sans rien se réserver, c'est trouver l'accomplissement de sa vie, c'est récolter une riche moisson. Encore une fois, c'est Dieu qui réalise en nous ce suprême abandon. L'Écriture répète inlassablement la prééminence de l'action de Dieu qui enveloppe et dépasse notre action. Saint Paul exprime ainsi cette loi générale : il y a « diversité d'opérations, mais c'est le même Dieu qui opère tout en tous » (1 Co 12, 6).

Plus nous sera intime la certitude que Dieu est à l'œuvre dans nos vies, plus grandira en nous cette paix que le monde ne peut ni donner ni enlever, et plus aussi nous deviendrons au sens propre des « artisans de paix ». Cela nous délivrera de la nécessité de fonder notre valeur personnelle sur notre réussite. Par voie de conséquence, nous poserons d'autres priorités, choisirons d'autres activités, et surtout, nous les accomplirons autrement. Jésus disait à ses disciples : « Ce n'est pas

---

1. *La Corbeille de fruits*, Gallimard, Paris, 1949.

vous qui m'avez choisi ; mais c'est moi qui vous ai choisis et vous ai établis pour que vous alliez et portiez du fruit et que votre fruit demeure » (Jn 15, 16). Vivre ainsi, c'est cesser de nous polariser sur nos réalisations. N'est-ce pas un élément essentiel de cette « alternative », de ce « vivre autrement » dont on parle tant aujourd'hui ?

# CHAPITRE XII

# VIVRE UNE RELATION AUTHENTIQUE

*Compensations.*

La fécondité suppose une relation ; elle implique toujours la réceptivité, c'est-à-dire la capacité d'accueillir et de se laisser toucher. Cette loi de la nature est à l'œuvre dès le règne végétal : les plantes doivent être fécondées pour pouvoir porter du fruit, et, comme elles ne sont pas douées de mouvement, il faudra qu'un insecte par exemple vienne établir la relation nécessaire au développement du fruit.

Pour les animaux, il est plus évident encore que la fécondation présuppose une relation, et il en est de même pour l'homme. Quant au Royaume de Dieu, il est tout entier fait de relations, de relations profondes et durables. La comparaison la plus frappante est celle de la vigne et des sarments. La sève vivifiante du cep pénètre dans les sarments et les rend capables de porter du fruit. Séparé du cep, le sarment devient stérile. De même, « hors de moi vous ne pouvez rien faire » (Jn 15, 5), dit Jésus, ce qui signifie implicitement : rien de durable pour le Royaume de Dieu. Bien sûr, même coupés de Jésus, nous pouvons encore accomplir maintes œuvres, mais elles ne sont pas fécondes pour le Royaume de Dieu. Il y a des gens qui déploient une grande activité et qui, néanmoins, ne portent que peu de fruit ; il y en a d'autres, au contraire, qui réalisent peu de chose et sont pourtant très féconds.

Pensons à Marie, l'être le plus fécond de notre race, puisque Jésus a été le fruit de son sein ; elle n'a pas réalisé grand-chose, au sens où nous l'entendons ordinairement. Il est salutaire de nous demander de temps en temps à quelle aune nous mesurons la valeur des gens.

Le besoin d'être efficient à tout prix peut compenser un manque de relation véritable. Ne trouvant pas l'épanouissement que donne la relation authentique, nous essayons de compenser ce manque en réalisant des performances impressionnantes.

Or notre vie et toute notre activité ne peuvent devenir fécondes, au sens biblique du terme, que si nous laissons l'agir de Dieu passer dans nos actions humaines. Cela implique que nous soyons réceptifs à l'initiative de Dieu au cœur même de la nôtre. Dans les *Exercices spirituels*, saint Ignace dit de « prier Dieu de daigner mettre dans notre âme ce que nous devons faire » (ES 180). C'est là, dans cette conjonction de l'activité et de la réceptivité, de notre propre effort et de notre abandon à la conduite de Dieu, que se situe le secret de la fécondité, secret que l'esprit d'efficience à tout prix tend à détruire. « Quand on se met à la suite du Christ, l'âme prend de plus en plus clairement conscience que tout ce qui lui est demandé est déjà accompli » (Hermann Bezzel).

*Nous sommes les coopérateurs de Dieu* (1 Co 3, 9).

Dans l'Ancien et le Nouveau Testament, la personne humaine jouit d'une grande dignité. Bien que le premier homme soit modelé « avec la glaise du sol » (Gn 2, 7 ; « Adam » vient du mot *adamah* qui signifie « sol »), l'homme est « à peine... moindre qu'un dieu ; [... couronné] de gloire et de splendeur » (Ps 8, 6). Cette gloire et cette splendeur consistent selon le psaume en ce que toi, Dieu, tu l'établis « pour qu'il domine sur l'œuvre de tes mains ; tout fut mis par toi sous ses pieds » (8, 7). Les hommes sont donc appelés

## FÉCONDITÉ

à collaborer à l'œuvre créatrice de leur créateur. Le sixième jour de la création, Dieu dit : « Faisons l'homme à notre image, comme notre ressemblance » (Gn 1, 26). Ce que signifie cette image et cette ressemblance, nous ne tardons pas à l'apprendre : « Qu'ils dominent sur les poissons de la mer, les oiseaux du ciel, les bestiaux, toutes les bêtes sauvages et toutes les bestioles qui rampent sur la terre. Dieu créa l'homme à son image, à l'image de Dieu il le créa, homme et femme il les créa » (Gn 1, 26-27). L'homme est donc, encore une fois, chargé de gouverner le reste de la création et de gérer le monde en partenaire et en représentant de Dieu.

Le deuxième récit de la création, de tradition yahviste, montre sur le vif l'homme en train d'exercer cette mission : « ha-Adam » passe en revue tous les animaux que Dieu lui a amenés « pour voir comment celui-ci les appellerait ; chacun devait porter le nom que l'homme lui aurait donné » (Gn 2, 19). Dès lors, ce droit souverain de leur donner un nom, met tous les animaux au service de l'homme et sous sa responsabilité. Notre monde est donc un atelier à la fois divin et humain, l'homme étant cocréateur de la terre. Dans la quatrième prière eucharistique, nous disons : « Tu as fait l'homme à ton image et tu lui as confié l'univers, afin qu'en te servant, toi, son Créateur, il règne sur la création. »

Le Talmud nous offre un commentaire séduisant de l'emploi de la première personne du pluriel dans ce verset : « Dieu dit : "Faisons l'homme à notre image" » (Gn 1, 26). Le rabbi Israël posait cette question : « Avec qui Dieu parlait-il lorsqu'il disait, au pluriel, "faisons" ? » Un chrétien penserait spontanément à la Sainte Trinité, mais une telle réponse ne correspond pas à la tradition judaïque. Le rabbi répondit lui-même à sa question : « Il parlait déjà à l'homme lui-même qu'il allait créer : "Viens, toi et moi, nous allons ensemble, à nous deux, créer l'homme. Car si tu ne veux pas m'aider, je ne pourrai jamais, moi non plus, faire de toi un homme véritable." » Nous ne sommes pas seulement bénéficiaires passifs, nous sommes des partenaires privilégiés. Oui, vraiment, dans la perspective biblique, nous avons à donner forme et consistance non seulement au monde, mais aussi à notre propre vie. Nous sommes des agents libres, nous pouvons faire prendre au monde et à nous-mêmes tel ou tel chemin, et décider ainsi du mouvement de l'histoire.

Au troisième chapitre du livre de la Genèse nous est raconté le traumatisme de la chute. Dans cette scène, l'homme et la femme s'emparent de ce qui ne leur revenait pas, ils renoncent à coopérer avec le Créateur pour essayer d'établir, pour leur propre compte et en toute autonomie, leur domination sur le monde. Cette rébellion se retourne contre eux, devenant malédiction, car ils se sont chargés d'un fardeau trop lourd et ne peuvent, par eux-mêmes, gérer le monde avec justice. Le même travail considéré comme paradisiaque en Gn 2, 15, devient, après la chute, une peine à purger au prix de beaucoup de sueur et de labeur (Gn 3, 17). Le bannissement hors du jardin d'Éden ne signifie pas qu'Adam et Ève doivent s'en aller ailleurs, mais qu'ils se sont coupés d'une vie fécondée par la présence de Dieu, et ainsi condamnés volontairement à la malédiction de devoir réaliser eux-mêmes leur destin et porter le fardeau de l'entière responsabilité.

Dans le dernier chapitre de l'histoire des origines (Gn 11), les hommes commettent à nouveau le même péché. En effet, à l'occasion de la construction de la tour de Babel, ils tentent de supprimer la frontière entre la terre et le ciel par une réalisation monumentale. Mais, une fois de plus, ils échouent lamentablement. Eux qui voulaient « se faire un nom » sont dispersés dans l'anonymat de la confusion des langues.

Au chapitre suivant, l'histoire du salut commence avec Abraham qui quitte sa famille et sa parenté ; l'émigrant qu'il est devenu reçoit de Dieu un nom nouveau. Dieu lui donne une promesse et une bénédiction, si bien qu'à son tour il sera bénédiction pour beaucoup. De cette façon, tout ce qu'entreprendra Abraham sera réintégré dans l'œuvre de Dieu et pourra porter un fruit abondant. Abraham est aux antipodes de l'homme de la performance ; il est le père de tous les croyants.

Saint Ignace aime recourir à l'image de l'instrument pour exprimer notre collaboration à l'œuvre de Dieu. Cette image fait voir comment, dans l'œuvre du salut (et la grande passion d'Ignace, « aider les âmes », est une œuvre de salut) toute activité a son origine en Dieu qui nous la donne gracieusement. Nous sommes les partenaires de la source de tout bien. Nous sommes responsables, mais nous n'avons pas la responsabilité ultime. Nous sommes des instruments dans la main de Dieu, et notre joie est de nous couler dans l'admirable savoir-faire de cet habile artisan, avec la plus grande docilité possible. Nous pouvons être sûrs que Dieu prendra grand soin de nous, ses instruments, et qu'il en usera avec respect, amour et joie, comme un violoniste de son violon.

*La foi opposée à la Loi.*

Un des thèmes essentiels de la prédication de saint Paul est que nous sommes sauvés par la foi et non par la Loi. C'est ce dont traite l'épître aux Romains, la plus longue et la plus importante de ses lettres ; il revient sur ce sujet avec une ardeur passionnée dans l'épître aux Galates. Ceux qui ne sont pas familiers de la théologie biblique s'étonneront probablement de la véhémence de la discussion. Aujourd'hui, on pourrait peut-être traduire cette antithèse paulinienne par les termes de « performance » et de « fécondité », donnant ainsi au débat un regain d'actualité.

La justice et la sainteté sont des attributs de Dieu ; dans sa grâce il nous les a communiqués, transformant ainsi notre être profond. Mais il restera toujours une différence irréductible entre Dieu, juste et saint par sa nature même, et nous qui sommes justifiés et sanctifiés non par notre propre force, mais par Dieu.

*La* grande tentation que représente la Loi, c'est que nous cherchions à assurer notre salut par l'observance même de cette Loi. Notre besoin de performance interfère alors avec la sphère exclusivement divine. Le principe : Je vaux ce que vaut ma performance, appliqué à la foi et à ma relation avec Dieu, est totalement déplacé et a ici des effets plus pernicieux encore que dans d'autres domaines. La Loi, en effet, pousse les personnes centrées sur elles-mêmes à des performances extrêmes et illusoires, vains essais pour usurper la place de Dieu. « Vous serez comme des dieux » (Gn 3, 5) suggère le serpent lors de la tentation originelle. Une telle attitude revient à faire de Dieu une simple « grandeur de ce monde ».

Ceux qui pensent et vivent ainsi pervertissent la Loi ; ils s'en servent comme d'un instrument pour accomplir leur salut. Cette mentalité ne conduira jamais à la liberté des enfants de Dieu, mais à la soumission servile à un maître exigeant, impossible à satisfaire. « Tous ceux en effet qui se réclament de la pratique de la Loi encourent une malédiction » écrit saint Paul (Ga 3, 10). Cette conception de la Loi est le comble de l'obsession de la performance, et une sorte de mauvaise foi radicale.

La réceptivité à la grâce de Dieu nous délivre de cette tendance à l'autodivinisation, et, du même coup, de la charge surhumaine qu'elle implique. C'est gratuitement et gracieusement que nous participons à la vie divine, et nous ne pouvons en aucune façon l'acquérir par nous-mêmes. Dieu nous introduit dans le mystère de la vie trinitaire, dans l'amour du Père, du Fils et de l'Esprit-Saint. C'est Jésus qui nous rend capables de demeurer là où il est chez lui, là où est son repos, dans le sein du Père. « À tous ceux qui l'ont accueilli, il a donné le pouvoir de devenir enfants de Dieu » (Jn 1, 12). La clé en est notre attitude d'accueil à la grâce gratuitement donnée, car alors la vie de Dieu peut se développer en nous et produire des fruits. Avec saint Paul, nous espérons nous aussi pouvoir dire un jour : « C'est par la grâce de Dieu que je suis ce que je suis, et sa grâce à mon égard n'a pas été stérile » (1 Co 15, 10). « Ce ne sont pas nos œuvres qui nous justifient, c'est plutôt notre justification qui nous fait produire des œuvres » (Wilfried Joest).

La ligne de partage entre grâce et Loi fait aussi le partage entre les œuvres qui proviennent d'une plénitude et celles qui proviennent d'un manque. Les dernières sont tendues désespérément vers quelque soulagement ou profit, elles sont tourmentées par la peur de l'échec. Les premières sont le propre d'un homme comblé, qui laisse s'épancher la plénitude de sa bonté.

# CHAPITRE XIII

# VIVRE L'ALLIANCE

*Ne vous inquiétez pas.*

Je vous dis : ne vous inquiétez pas pour votre vie de ce que vous mangerez, ni pour votre corps de quoi vous le vêtirez. La vie n'est-elle pas plus que la nourriture, et le corps plus que le vêtement ? Regardez les oiseaux du ciel : ils ne sèment ni ne moissonnent ni ne recueillent en des greniers, et votre Père céleste les nourrit ! Ne valez-vous pas plus qu'eux ? Qui d'entre vous d'ailleurs peut, en s'en inquiétant, ajouter une seule coudée à la longueur de sa vie ? Et du vêtement, pourquoi vous inquiéter ? Observez les lis des champs, comme ils poussent : ils ne peinent ni ne filent. Or je vous dis que Salomon lui-même, dans toute sa gloire, n'a pas été vêtu comme l'un d'eux. Que si Dieu habille de la sorte l'herbe des champs, qui est aujourd'hui et demain sera jetée au four, ne fera-t-il pas bien plus pour vous, gens de peu de foi ! Ne vous inquiétez donc pas en disant : Qu'allons-nous manger ? qu'allons-nous boire ? de quoi allons-nous nous vêtir ? Ce sont là toutes choses dont les païens sont en quête. Or votre Père céleste sait que vous avez besoin de tout cela. Cherchez d'abord son Royaume et sa justice, et tout cela vous sera donné par surcroît. [Mt 6, 25-33.]

« Votre Père céleste sait que vous avez besoin de tout cela. » Il sait aussi que nous avons besoin de plus que seulement de vêtements, de nourriture et de boisson ; nous avons besoin également de sécurité, de protection, de reconnaissance, de réussite, de contentement, d'affection et d'amour. Tous ces biens nécessaires à la vie nous sont donnés par les autres : notre Père du Ciel œuvre à travers eux.

Bien sûr il faut nous occuper de « toutes ces choses » et faire preuve de prévoyance. Mais Jésus nous défend de nous en inquiéter. Si nous usons de prévoyance, il faut en même temps nous confier à la tendre sollicitude de Dieu. Cette confiance nous délivre de l'angoisse. D'ailleurs tous ces biens ne doivent pas être la première motivation de nos entreprises, ni le facteur déterminant de nos décisions. « Cherchez d'abord le Royaume [de Dieu] et sa justice », c'est-à-dire comportez-vous selon le plan de Dieu pour le salut du monde, « et tout cela vous sera donné par surcroît » ; parmi ces dons vous trouverez la reconnaissance, l'affection et bien d'autres choses. Quand elles nous sont données, accueillons-les sans arrière-pensée, sachons en jouir et les goûter de bon cœur. Mais reconnaissons en Dieu leur source et rendons-lui grâce. « Tout ce que Dieu a créé est bon, et aucun aliment n'est à proscrire, si on le prend avec action de grâce » (1 Tm 4, 4). Il ne faut donc pas nous accrocher anxieusement à ces dons, comme pour nous défendre d'un Dieu qui voudrait nous les arracher. La gratitude, tout comme la gratuité, nous rend transparents. Ces deux attitudes laissent l'une et l'autre transparaître la source de tout bien et nous délivrent des vaines inquiétudes.

Quand Jésus nous donne en exemple les fleurs et les oiseaux, il ne fait que nous présenter l'Alliance sous un jour nouveau. Le cœur de l'Alliance a toujours été que nous devrons chercher Dieu « de tout notre cœur, de toute notre âme et de toute notre force » (Dt 6, 5), et que Dieu prendra soin de nous. Il y a maintenant un changement de perspective, un nouvel équilibre. Dieu doit être notre priorité et lui prend divinement soin de notre bien-être. Nul n'est besoin de se soucier de soi-même. Dieu s'en charge. Cela nous procure un immense soulagement et une profonde paix. Nous n'aurons sûrement pas moins de zèle qu'auparavant, mais ce zèle sera désormais au service de notre partenaire d'Alliance, ce qui neutralise l'aiguillon de l'égoïsme. La différence est énorme ! Quand les soucis ont été balayés, alors se lève une grande simplicité de vie. Dieu pourvoit à tout ce dont nous avons besoin pour notre corps, notre esprit et notre cœur. Bien sûr, nous aurons parfois à traverser des déserts où nous nous sentirons épuisés et abandonnés. Cela aussi fait partie de l'Alliance. Sans ces périodes de dénuement, nous deviendrions suffisants et serions enclins à nous esquiver de l'Alliance. Ces épreuves ne sont pas dénuées de signification, elles sont même nécessaires car la nature humaine, telle qu'elle est constituée, en a besoin pour sa purification. Une consolation nous vient de ces paroles de l'épître aux Romains : « Nous savons qu'avec ceux qui l'aiment, Dieu collabore en tout pour leur bien » (Rm 8, 28). Tout est pris dans l'Alliance, et Dieu se fait garant que les tentations ne dépasseront pas nos forces (voir 1 Co 10, 13).

Il est facile d'écrire ou de lire cela quand on appartient aux vingt pour cent de la population mondiale qui consomment quatre-vingts pour cent des ressources de la terre. Mais l'Alliance est aussi destinée aux autres quatre-vingts pour cent de la race humaine. Dieu a souci d'eux autant que de nous, et il veut que cette sollicitude les atteigne à travers nous. C'est à nouveau le même concept, ou plutôt la même réalité de la mission : Dieu est présent et à l'œuvre dans celui qu'il envoie. Pas d'Alliance sans mission ! Nul doute qu'une partie de cette mission consiste pour nous à trouver des moyens et des solutions pour partager notre abondance avec ceux qui ont faim, et souvent même meurent de faim.

L'Alliance porte du fruit dans la mesure où nous nous engageons à fond dans notre mission avec une grande confiance en Dieu. Le Jésuite hongrois Gabriel Hevenesi († 1715) résume quelques-unes des pensées de saint Ignace dans ce conseil plein de sagacité : « Que la première règle de tes actions soit celle-ci : Fie-toi à Dieu, comme si le succès de l'action dépendait en tout de toi, en rien de Dieu, mais en même temps, agis comme si Dieu devait tout faire et toi rien[1]. C'est à juste titre qu'il ne dit pas : Bien que nous ayons à agir nous-mêmes, nous devons faire confiance à Dieu, mais : *parce que* nous avons à agir nous-mêmes. Notre capacité d'agir, que ce soit dans notre force ou dans notre faiblesse, dépend toujours de Dieu dont la puissance agit en nous. En revanche, il ne dit pas non plus : *bien que* tout soit l'œuvre de Dieu nous sommes tenus d'agir nous aussi, mais : *parce que* tout est l'œuvre de Dieu », en nous et à travers nous. On pourrait dire aussi : Tout ce que tu entreprends, fais-le avec soin, comme si Dieu le faisait. Fais les œuvres de Dieu.

Comment savoir si nous répondons vraiment à cette exigence ? Le signe en est que la consolation augmente, c'est-à-dire que notre relation avec Dieu se fait plus confiante, que la foi, l'espérance et la charité grandissent (voir ES 316). Notre cœur se réchauffe, la paix le remplit de plus en plus.

*Ne pas afficher nos bonnes œuvres.*

À la différence du froment dans le champ ou des fruits dans le verger, la fécondité du Royaume ne s'offre pas au regard. Généralement, elle échappe à nos estimations et reste cachée, connue seulement de notre Père « qui voit dans le secret » (Mt 6, 4.6.18). Elle glorifie « celui qui [donne] la croissance » (1 Co 3, 6). La productivité au contraire peut être exposée aux regards, nous pouvons nous en prévaloir, nous en glorifier, la toucher du doigt et la mesurer : elle prouve notre valeur.

Un proverbe allemand dit : *Qui calcule, voit la bénédiction lui échapper.* Bénir signifie confirmer la vie et en prendre soin. La bénédiction divine a le pouvoir de donner la croissance, la fécondité et l'épanouissement. La foi toute simple, exprimée par la sagesse populaire dans ce proverbe, sait que le calcul peut fausser les balances et priver de la bénédiction.

On trouve à la fin de la vie de David un exemple étrange

---

1. *Scintillae ignatianae*, Vienne, 1705, 2 janvier.

et même à première vue extravagant, qui illustre cela de façon tragique. Cet épisode montre que le mal consiste à s'appuyer trop sur sa force, et en même temps il nous rappelle avec insistance que l'esprit de performance, qui souvent nous anime, est très éloigné de celui de l'Écriture.

David était vieux et affaibli quand il ordonna un recensement en Israël et en Juda, comme pour mesurer sa propre force (2 S 24). Le commandant en chef, Joab, objecta : « Que Yahvé ton Dieu accroisse le peuple de cent fois autant, pendant que Monseigneur le roi peut le voir de ses yeux, mais pourquoi Monseigneur le roi aurait-il ce désir ? » (V. 3.) Le roi, pourtant insista, et imposa sa volonté à son général. On procéda donc au recensement et Joab en rapporta le résultat à David : on avait dénombré huit cent mille guerriers en Israël et cinq cent mille en Juda. Alors le roi prit conscience de sa faute ; il pria Dieu : « C'est un grand péché que j'ai commis ! Maintenant, Yahvé, veuille pardonner cette faute à ton serviteur, car j'ai commis une grande folie » (v. 10). Toutefois, avant d'être pardonné, ce péché sera très sévèrement puni.

Nous nous étonnons : quelle peut bien être la faute commise par David en cette affaire ? La question est d'autant plus troublante qu'à deux reprises, durant la traversée du désert, Moïse, lui, avait fait le recensement du peuple, comme le racontent les chapitres 1 et 26 du livre des Nombres, qui d'ailleurs doit son nom à ces dénombrements. C'était sur l'ordre de Dieu que Moïse avait procédé à ces recensements, au début et vers la fin de l'expérience du désert, et ils avaient de toute évidence une signification religieuse. Le recensement n'est donc pas en lui-même un péché. Mais alors pourquoi est-ce une si grave offense dans le cas de David ?

La réponse réside dans l'origine de la vocation de David. Dieu l'a choisi, tout jeune garçon, alors qu'il gardait les troupeaux de son père, de préférence à ses sept frères aînés que Jessé présentait à Samuel. Sa première grande expérience de Dieu suivit de près cette élection ; ce fut lors du combat avec Goliath. David avait clairement défini la situation en disant au géant philistin : « Tu marches contre moi avec épée, lance et cimeterre, mais moi, je marche contre toi au nom de Yahvé Sabaot, le Dieu des troupes d'Israël, que tu as défiées (1 S 17, 45). Les « dernières paroles de David » (2 S 23) nous font comprendre plus clairement encore combien Dieu l'a toujours soutenu : « Oui, ma maison est stable auprès de Dieu ; il a fait avec moi une alliance éternelle, réglée en tout et bien assurée ; ne fait-il pas germer tout mon salut et tout mon plaisir ? » (V. 5.)

Et maintenant, alors que le temps est venu pour David de se préparer à tout laisser derrière lui, il oublie l'expérience de sa longue vie avec Dieu et il veut calculer sa force. Mais Dieu n'a-t-il pas toujours été sa force ? Cette décision subite de faire montre de sa puissance n'est-elle pas un manque de confiance en la fidélité que Dieu lui a témoignée si manifestement tout au long de sa vie ?

Jadis David avait eu besoin du prophète Nathan pour l'aider à reconnaître la faute qu'il avait commise avec Bethsabée et contre Urie (2 S 12). Cette fois, sa conscience plus sensible l'amène à réagir plus vite. Le prophète Gad n'a plus qu'à confirmer son aveu et à lui faire part de la sentence divine. Cet épisode peut nous ouvrir les yeux et nous faire comprendre que se prévaloir de nos œuvres et en faire le décompte, c'est manquer de confiance en Dieu et l'offenser grandement.

*Jusqu'à la mort.*

Avec l'âge, notre efficacité diminue. Un athlète professionnel en fait l'expérience relativement tôt, mais si nous vivons assez longtemps, nous serons tous confrontés à la même épreuve, chacun à sa manière. Notre corps et notre esprit perdent leur vigueur en fin de vie ; la fécondité, elle, peut croître avec les années, comme le proclament avec joie et gratitude bien des psaumes. Ainsi (Ps 92, 13-16) :

> Le juste poussera comme un palmier,
> il grandira comme un cèdre du Liban.

> Plantés dans la maison de Yahvé,
> ils pousseront dans les parvis de notre Dieu.
> Dans leur vieillesse encore ils portent fruit
> ils restent frais et florissants,
> pour publier que Yahvé est droit,
> mon Rocher, en lui rien de faux.

Le déclin de nos facultés est évidemment l'une des épreuves à laquelle nous sommes confrontés quand nous vieillissons. Ce n'est pas facile. Le désir de rester jeune est sain et normal, et notre monde occidental ne manque pas d'encourager ce désir légitime. Cette tendance a certes du bon, elle peut donner une véritable satisfaction. Mais elle peut également créer un climat poussant à des exagérations malsaines. Un mythe de la jeunesse engendre des préjugés à l'égard de la vieillesse, et l'on voit des personnes âgées imprégnées par ce climat au point d'être obsédées par l'idée de rester jeunes et de marcher avec leur temps, terrorisées par l'approche du grand âge. On en vient à refouler la réalité, et l'on dépense tant d'énergie à nier l'évidence qu'on pourrait en rire si cela ne dénotait pas une grande détresse. Une spiritualité de la fécondité pourrait délivrer ces gens de cette terrible angoisse. En effet à voir tant de croyants, y compris des religieux, vivre avec une telle amertume le déclin de leurs facultés, on peut se demander s'ils n'ont pas été contaminés par notre société d'efficience. N'a-t-on pas là une conception trop étroite de la valeur d'une personne humaine ?

Les personnes âgées ne sont pas les seules à être aux prises avec ce problème, et s'il y a des personnes qui forcent l'admiration par leur fidélité à rendre visite aux vieillards et aux malades, il y en a d'autres qui, elles, évitent systématiquement ces visites jusqu'à paraître totalement indifférentes. Il y a plus d'une raison à cette répugnance, mais la confrontation avec le déclin de la vitalité en est certainement une. Car inévitablement, elle nous rappelle qu'un jour nous devrons passer par cette même expérience. La peur de notre propre déclin peut facilement nous amener à refouler ces réalités ; nous avons certainement mille bonnes raisons pour cela, il n'empêche que cette attitude est regrettable.

Dans notre société axée sur l'efficience apparaît un danger inquiétant, celui d'évaluer ou de classer les personnes d'après des critères tout à fait secondaires. Nous nous intéressons à telle ou telle personne parce qu'elle nous apporte quelque chose sur le plan intellectuel, affectif, émotionnel, érotique, culinaire, financier, etc. ; ou encore parce qu'elle flatte notre « complexe de secouriste », ce qui nous valorise à nos propres yeux. L'Évangile, lui, nous propose d'aller au-delà de ces catégories égoïstes et d'aimer le prochain comme nous-mêmes : tout prochain, quel qu'il soit.

Voici le souhait qu'exprimait un prêtre octogénaire :

> Parvenu à la dernière étape de ma vie, je souhaite qu'elle soit un chemin de profond amour pour le Seigneur et de service tout à fait désintéressé de notre monde. Il est merveilleux de voir qu'avec l'âge la conscience d'avoir une mission augmente elle aussi, peut-être d'autant plus qu'il s'agit d'une mission tout à fait invisible pour la personne âgée elle-même et par là plus désintéressée, toute cachée dans l'amour du Christ. Je prie que Dieu me purifie en vue de cette mission-là.

## CHAPITRE XIV

## UN EXEMPLE DE SAINT FRANÇOIS

Dans un couvent de Bologne[1] vivait un frère infirme de naissance, qui ne pouvait se déplacer qu'avec peine, à l'aide de béquilles. Il était très adroit à fabriquer des corbeilles et celles-ci étaient fort demandées. Chaque semaine il les vendait au marché en échange d'autres denrées, si bien qu'il contribuait à faire vivre sa communauté. Un jour saint François vint visiter le monastère. Le frère lui raconta avec un joyeux enthousiasme qu'on appréciait tant ses corbeilles que, malgré tous ses efforts, il n'arrivait jamais à en fabriquer assez. François soupira, regarda le frère, et lui dit :

Comme il est facile de tourner vers le péché les armes qui nous ont été données pour combattre au côté de Dieu (voir Rm 6, 13). Nous vivons en ce monde, mais nous ne combattons pas avec les armes de ce monde, les armes dont nous usons ne sont pas de chair (2 Co 10, 3-4), ce sont nos saints vœux.
La pauvreté est noble, si elle ajoute à nos œuvres l'humilité ; la chasteté est glorieuse si notre lumière brille devant les hommes et qu'ainsi ils louent le Père qui est aux cieux à cause de nos œuvres. L'obéissance est précieuse si nous nous laissons donner notre tâche par un autre sans vouloir nous l'attribuer nous-mêmes.

---

1. Cette histoire pourrait bien être apocryphe. Ma tentative de la retrouver dans les sources franciscaines a échoué.

Le frère, bouleversé et plein de remords, confessa à saint François l'orgueil, le manque d'obéissance, la suffisance qui possédaient son cœur. François, là-dessus, l'embrassa tendrement, le bénit et lui dit :

> Toutes nos entreprises ont besoin d'être sanctifiées par notre prière ; aussi va prier Dieu à qui seul ton cœur appartient, avant de commencer ce que tu as à faire. Laisse le Saint-Esprit remplir ton âme de son amour et de sa force. Alors nos œuvres pourront porter les fruits de l'Esprit (voir Ga 5, 22). C'est le seul moyen d'échapper au danger de voir nos œuvres bien intentionnées se changer en œuvres de la chair et des ténèbres (voir Ga 5, 19-21, Rm 13, 12-13).

Le frère remercia saint François. De ce jour, il fit de ses corbeilles les vases du précieux trésor de l'amour divin (voir 2 Co 4, 7), et les emplit de prières et de bénédictions à l'intention de ses clients.

Et voici la saveur spirituelle de notre histoire : le frère continue le même travail qu'auparavant, mais dans un autre esprit. Son œuvre qui était jusque-là pleine de lui-même, est transformée : elle est maintenant pleine de Dieu.

# CINQUIÈME PARTIE

# HABITER UNE LUMIÈRE INACCESSIBLE

## CHAPITRE XV

## LE MYSTÈRE INÉPUISABLE

Le prêtre était jeune : il avait environ vingt-cinq ans. Il célébrait la liturgie dans le temple lorsque l'événement le surprit. Dieu faisait irruption dans sa vie d'une manière tout à fait imprévisible. Sans doute, il avait toujours été un jeune homme pieux, mais rien ne l'avait préparé à cette rencontre avec Dieu et avec le poids écrasant de sa gloire. Subitement, il se trouvait face à face avec le Dieu trois fois saint, et en était comme foudroyé. Il ressentait profondément son indignité, se sentait insignifiant, comme poussière et cendres. Il perdit pied et s'écroula, impuissant, dans le gouffre abyssal qui sépare le Créateur de la créature, le Très Saint du pécheur. Il éprouvait une crainte écrasante, ce qui n'a rien d'étonnant.

Même Moïse, que Dieu pourtant avait choisi parmi tous les vivants à cause de sa fidélité et de sa douceur (voir Si 45, 4), n'était pas assez saint pour supporter la gloire du Dieu tout-puissant : « Moïse ne put entrer dans la Tente du Rendez-vous, car la nuée demeurait sur elle, et la gloire de Yahvé emplissait la Demeure » (Ex 40, 35). Jadis Moïse, à un moment difficile de sa mission, avait été averti sans ambiguïté de son incapacité radicale à voir Dieu : « Tu ne peux pas voir ma face, car l'homme ne peut me voir et vivre » (Ex 33, 20). Revenons à Isaïe, ce jeune prêtre confronté à la majesté de Dieu, sans aucune préparation ni avertissement préalable. Mais y a-t-il préparation possible ou avertissement adéquat quand il s'agit d'une telle expérience ? Lorsque, bien des années plus tard, Isaïe évoquera cette rencontre, son récit sera encore tout vibrant de cette première émotion (Is 6, 1-6) :

> L'année de la mort du roi Ozias, je vis le Seigneur assis sur un trône grandiose et surélevé. Sa traîne emplissait le sanctuaire. Des séraphins se tenaient au-dessus de lui, ayant chacun six ailes, deux pour se couvrir la face, deux pour se couvrir les pieds, deux pour voler.
> Ils se criaient l'un à l'autre ces paroles :
> « Saint, saint, saint est Yahvé Sabaot.
> Sa gloire remplit toute la terre. »
> Les montants de la porte vibrèrent au bruit de ces cris et le Temple était plein de fumée. Alors je dis :
> « Malheur à moi, je suis perdu !
> car je suis un homme aux lèvres impures,
> j'habite au sein d'un peuple aux lèvres impures,
> et mes yeux ont vu le Roi, Yahvé Sabaot. »
> L'un des séraphins vola vers moi, tenant dans sa main une braise qu'il avait prise avec des pinces sur l'autel. Il m'en toucha la bouche et dit :
> « Voici, ceci a touché tes lèvres,
> ta faute est effacée,
> ton péché est pardonné. »

« *Kabod* ».

En hébreu, la Bible possède un terme spécial pour désigner la sublime réalité dont il s'agit : *kabod*. Ce terme nous est étranger non pas tant parce qu'il appartient à une langue étrangère, mais bien plutôt en raison de son contenu. C'est la réalité qu'il signifie qui nous déconcerte, et de nos jours, il est symptomatique que la prédication ne se hasarde plus que rarement à traiter ce sujet. Pour saisir la réalité dont il s'agit, la meilleure approche n'est pas l'analyse intellectuelle ; il est plus profitable de la goûter intérieurement. En effet, nous ne sommes pas ici devant un problème à résoudre, mais devant un mystère auquel nous avons à nous ouvrir. Le mystère peut être considéré négativement, comme une réalité que nous ne comprendrons jamais tout à fait, ou positivement, comme une réalité que notre esprit peut pénétrer de plus en plus profondément. Ici le cœur va plus loin que la raison, la méditation est plus utile que la discussion.

En hébreu, le mot *kabod* a une triple signification. C'est d'abord le poids d'un objet, sa masse mesurable. C'est là son sens littéral. Mais souvent ce mot est employé au sens figuré et désigne l'importance d'une personne, sa qualité, son prestige (en anglais on parlerait de *VIP* : *very important person*, personne très importante). Joseph, devenu vice-roi d'Égypte, en est un exemple proposé par l'Écriture sainte, quand il envoie ses frères vers leur père Jacob en les chargeant de ce message : « Racontez à mon père toute la gloire *[kabod]* que j'ai en Égypte et tout ce que vous avez vu » (Gn 45, 13). Reste le troisième registre d'interprétation du mot *kabod*, qui est incontestablement le plus important dans la Bible. Il se réfère au poids, à la grandeur, à la puissance et à l'autorité de Dieu. À maintes reprises l'Écriture affirme que Dieu est invisible. La manifestation de la sublimité de Dieu, dans laquelle cependant son essence reste cachée, est ce que les Hébreux appellent *kabod*. Finalement, le mot « gloire » est devenu un nom propre de Dieu. La *kabod* est le Très-Haut qui révèle sa puissance et sa gloire à son peuple tout en demeurant inaccessible. La *kabod* est à la fois la gardienne du mystère du Dieu caché et le signe par lequel il se révèle, d'une façon certes très restreinte, en rendant sa présence perceptible. De la même façon, le Nom très saint de Dieu, Yahvé, signifie la présence de Dieu, non son essence. Il nous assure que Dieu est avec nous sans nous dire qui il est. Ainsi, le terme *kabod* renvoie à l'inaccessible majesté et puissance de Dieu.

Cette *kabod* n'a rien de statique, comme le sens premier du mot pourrait le faire croire. Elle est au contraire très dynamique et agissante. C'est elle qui accomplit les grandes merveilles de Dieu, dont la plus grande dans l'Ancien Testament est le passage de la mer Rouge. De génération en génération, le peuple de Dieu chante la puissance prodigieuse de son Seigneur qui accomplit ces merveilles ; il y a là une force incomparable, qui n'a pas sa pareille. Le mot *kabod* est également associé à l'idée de lumière éblouissante, voire aveuglante, dont aucune créature ne pourrait supporter la vue. La gloire de Dieu éclate comme l'éclair, et nous l'expérimentons comme une obscurité, du fait même de l'excès de son intensité. Nous sommes encore bien plus incapables de supporter le rayonnement ardent de la divine sainteté que nous appelons *kabod* que de regarder en face le soleil en sa pleine force. « Si l'éclat du soleil t'aveugle, la faute en est à tes yeux, et non à sa pleine lumière », écrit Angelus Silesius. Pour les Israélites, « cette gloire de Yahvé revêtait l'aspect d'une flamme dévorante couronnant la montagne » (Ex 24, 17). Un poème d'origine hébraïque en parle ainsi :

> Qualité de sainteté, qualité de puissance,
> qualité de crainte, qualité de noblesse,
> qualité de frissonnement, qualité de tressaillement,
> qualité d'effroi, qualité de stupeur,
> telle est la qualité du vêtement de Zoharariel,
> Yahvé, Dieu d'Israël.
> Il approche, portant couronne, du trône de sa gloire,
> et les yeux d'aucune créature ne sont capables de le regarder,
> ni les yeux de chair et de sang, ni les yeux de ses servants.
> Et celui qui le regarde, ou l'aperçoit, ou l'entrevoit, ses yeux
> se mettent à tournoyer, ses yeux lancent des torches de feu,
>    qui l'embrasent et le consument[1].

Que Dieu soit inaccessible n'est pas la conséquence de notre péché ni d'une sorte de répugnance que Dieu aurait à se donner à nous ; ce n'est pas non plus une situation provisoire qui pourrait peu à peu s'améliorer, Dieu se révélant davantage ou nous-mêmes faisant des progrès en sainteté. Non, Dieu est et demeure un mystère absolu. C'est le propre de Dieu d'être

---

1. Cité sans indication de sources dans : Chaim POTOK, *The Book of Lights*, Fawcett Crest, New York, 1982, p. 104.

plus grand que tout ce que nous pouvons savoir ou dire de lui. Dieu est le tout autre, l'absolument incomparable. Saint Augustin l'exprime sous cette forme lapidaire : « *Si comprehenderis, non est deus* » (Si tu comprends, ce que tu as compris n'est pas Dieu [1]). C'est vrai aussi pour les anges. Dans la vision d'Isaïe, les séraphins se couvrent la face de leurs ailes, ne pouvant supporter la vue de Dieu. Pour eux aussi il est incompréhensible et inaccessible.

Ce dont Isaïe a fait l'expérience en cette année de la mort du roi, c'est justement cette *kabod*, la glorieuse majesté de Dieu et l'honneur infini qui lui est dû. La *kabod* a marqué d'une façon indélébile la vie du prophète, jamais il n'oubliera cette rencontre. Il parlera toujours de Dieu comme du Dieu « trois fois saint », fort et puissant. Il ne perdra pas non plus le sentiment de l'impuissance de l'homme face à cette expérience.

La *kabod* traverse non seulement tout le livre d'Isaïe, mais aussi toute la Bible. « Lumineux que tu es, et célèbre... » chante le psalmiste (Ps 76, 5). Toute la liturgie de l'Ancien et du Nouveau Testament en est imprégnée. Le « Saint, saint, saint » de nos eucharisties nous rappelle à chaque fois la vision inaugurale d'Isaïe, et la doxologie « Gloire au Père, au Fils et au Saint-Esprit » qui ponctue la prière des Psaumes est comme une réponse humaine à la gloire divine. Certes notre louange humaine n'ajoute rien à la gloire de Dieu, comme le dit expressément l'une de nos préfaces, la quatrième pour les jours ordinaires : « Tu n'as pas besoin de notre louange, nos chants n'ajoutent rien à ce que tu es... », mais pour nous cette louange est une nécessité ; qui a pressenti quelque chose de la gloire de Dieu ne peut faire autrement que de l'adorer [2].

---

1. *Sermo* 52, VI, 16 ; Éd. du Cerf, Paris, coll. « Pères latins » 38, 360.
2. La bienheureuse Élisabeth de la Trinité († 1906) fut profondément émue lorsqu'elle découvrit son nouveau nom dans l'épître aux Éphésiens (1, 6.12.14). Dès lors elle se donna de préférence le nom de *Laudem gloriae*, louange de sa gloire. C'était vraiment porter son attention sur un aspect essentiel de notre relation à Dieu.

*Louer Dieu.*

Dans le « Principe et fondement » de ses *Exercices spirituels*, saint Ignace demande à son retraitant « de désirer et choisir uniquement ce qui nous conduit davantage à la fin pour laquelle nous sommes créés » (ES 23)[1]. Pour saint Ignace, l'essentiel est toujours de chercher « le plus grand service et le plus grand honneur à procurer à sa divine Majesté » (ES 183).

Or on risque de prendre un peu trop à la légère cette louange de la divine Majesté : nous abordons là un domaine auquel le monde d'aujourd'hui n'est guère sensible et dont, par surcroît, même la terminologie lui est peu familière. Et cependant, nous avons là une réalité essentielle pour la religion et la foi. Il nous faut donc aller un peu à l'encontre de notre culture, expérience qui n'est pas très agréable, mais qui n'a rien non plus de très nouveau. Depuis le Ier siècle de l'Église, les croyants n'ont-ils pas dû naviguer à contre-courant ?

Point n'est besoin pour cela de jouer les chrétiens honteux. Si nous transmettons sans ambages ce que Dieu nous a révélé par l'Écriture et la Tradition, et si nous le faisons autant que possible dans le langage d'aujourd'hui, nous nous apercevrons que nous répondons aux questions de bien des gens. Ce qui paraissait intemporel, a très souvent su apporter, si du moins c'était authentique, la réponse la plus actuelle, que le libre marché des idées en cours ne proposait pas. Bien des gens aujourd'hui sont en quête d'un au-delà, et y consacrent beaucoup d'efforts et de sacrifices. Ils cherchent le sacré et lui donnent un autre nom. Le langage religieux et théologique a fait place à des paradigmes psychologiques et sociologiques. Mais la faim profonde qui motive toutes ces recherches, seule la vraie foi pourra l'apaiser. Cette mission qui est la nôtre peut n'être pas facile, et il est probable qu'elle ne nous fera guère

---

[1]. Ici encore le texte de sainte Thérèse Couderc peut nous éclairer. Voir en appendice.

aimer, mais une chose est sûre ; c'est qu'elle est actuelle et pleine de sens.

Celui qui commence à pressentir quelque chose de l'abîme qui sépare la *kabod* divine de notre état de pécheur, et à comprendre tant soit peu que cet abîme est infranchissable de notre côté, éprouvera un sentiment difficile à nommer et pourtant d'une importance vitale. Isaïe disait : « Malheur à moi, je suis perdu ! » (6, 5), et Pierre s'écriait : « Éloigne-toi de moi, Seigneur, car je suis un homme pécheur ! » (Lc 5, 8.) Le terme « crainte de Dieu », en tant que respect plein de vénération, n'est pas loin du sens. Mais ce mot demande quelque exploration supplémentaire. Dans la Bible, nous rencontrons deux sortes de crainte assez différentes l'une de l'autre. Mais justement cette différence pourrait nous aider à nous approcher de cette expérience religieuse de l'indicible « mystère fascinant et redoutable », *fascinosum et tremendum*.

## CHAPITRE XVI

## DEUX SORTES DE CRAINTE

*La crainte néfaste.*

Il y a d'abord la crainte synonyme de peur. Elle est, selon le dictionnaire, « une émotion insolite et désagréable, provenant de l'anticipation ou de la conscience présente d'un danger ». Chaque fois que cette crainte est injustifiée, la parole de Dieu veut nous en délivrer. Elle veut encore non seulement nous mettre à l'abri des dangers objectifs, mais aussi nous rendre capables de les affronter lorsqu'ils sont inévitables. Dans l'Ancien Testament, paraît-il, figure trois cent soixante-cinq fois l'exhortation : « Ne crains pas », ce qui fait un rappel pour chaque jour de l'année. Parmi les multiples exemples qui nous sont ainsi proposés, nous n'en retiendrons qu'un seul : « Ne crains pas car je suis avec toi, ne te laisse pas émouvoir car je suis ton Dieu » (Is 41, 10). Pour ce qui est du Nouveau Testament, on songe immédiatement à ce verset de saint Jean : « Il n'y a pas de crainte dans l'amour ; au contraire, le parfait amour bannit la crainte » (1 Jn 4, 18), ou encore à ce passage de saint Paul : « Aussi bien n'avez-vous pas reçu un esprit d'esclaves pour retomber dans la crainte ; vous avez reçu un esprit de fils adoptifs qui nous fait nous écrier *"Abba !* Père !" » (Rm 8, 15).

*La crainte positive.*

Mais il y a une autre forme de crainte, que l'Écriture loue hautement, comme le commencement de la sagesse, la source du bonheur, de la joie, la garantie d'une longue vie (voir Si 1, 11-20). Elle est la porte de la grâce de Dieu. Elle est même la seule chose que Dieu attend de nous : « Et maintenant, Israël, que te demande Yahvé ton Dieu, sinon de craindre Yahvé ton Dieu, de suivre toutes ses voies, de l'aimer, de servir Yahvé ton Dieu de tout ton cœur et de toute ton âme, de garder les commandements de Yahvé et ses lois que je te prescris aujourd'hui pour ton bonheur ? » (Dt 10, 12-13.) Et encore : « Fin du discours. Tout est entendu. Crains Dieu et observe ses commandements, car c'est là le devoir de tout homme » (Qo 12, 13). On pourrait même ranger tous les dix commandements sous cette seule rubrique de la crainte positive : révérence et profond respect à l'égard de Dieu et de sa transcendance, respect du Nom et du jour du Seigneur, des parents et de la vie, du mariage et de la sexualité, de la propriété d'autrui, du droit et de la vérité.

Jésus lui aussi ne cesse d'éveiller cette crainte, et le récit évangélique la considère manifestement comme positive. Lors de la résurrection du fils de la veuve de Naïn, l'Évangile nous dit : « Tous furent saisis de crainte, et ils glorifiaient Dieu en disant : "Un grand prophète s'est levé parmi nous, et Dieu a visité son peuple" » (Lc 7, 16).

Cette crainte n'a rien à voir avec l'inquiétude ni la peur ; elle est plus que de l'admiration ou de l'étonnement, elle est saisissement de tout l'être devant la splendeur de Dieu en même temps que désir sans retour de vivre en accord avec cette expérience. Le langage du corps exprime clairement cette vénération : se déchausser, s'incliner profondément, se prosterner, se voiler le visage, se jeter face contre terre, etc. Par ces gestes ou d'autres semblables, le corps manifeste ce que vit l'esprit : un abandon total à Dieu pour le servir, un désir profond de garder ses commandements.

Cette crainte positive implique à la fois distance et familiarité. Elle est humble retenue et confiance aimante. Dieu est à la fois un mystère insondable et un ami intime. Nous louons et servons Dieu, mais nous nous querellons parfois avec lui, nous lui adressons nos plaintes et même nos reproches. Job et Jonas sont des exemples classiques de ce franc-parler. Dans les prières des Psaumes on rencontre également ce style familier, qui néanmoins laisse sauve la crainte de Dieu sans laquelle il n'y a pas de véritable communication avec lui.

Dans le Talmud, nous trouvons cette assertion lourde de sens, faite par Rabbi Chanina : « Tout est soumis au pouvoir du ciel, sauf la crainte de Dieu. » Le Tout-Puissant nous laisse libres de nous comporter envers lui comme bon nous semble ; dans ce choix l'élément décisif est précisément la crainte de Dieu, parce que c'est seulement dans cette attitude que nous traitons Dieu en Dieu. La seule chose en quoi Dieu dépende de nous, c'est notre respect et notre libre amour ; c'est aussi le don qui est le plus précieux à ses yeux. Le Très-Haut nous accepte et nous aime comme nous sommes ; et nous, acceptons-nous Dieu comme Dieu ? C'est là le sommet de la liberté humaine. À sonder cette liberté, si peu que ce soit, on a le souffle coupé. Nous sommes libres d'accepter ou de rejeter ce Dieu qui nous aime infiniment et à qui nous devons tout ce que nous sommes. Comparées à celle-ci, toutes nos autres libertés ne sont que des jeux d'enfants. Rabbi Chanina suggère aussi que le ciel et tout son pouvoir ne peuvent résister à un homme qui craint sincèrement Dieu.

C'est un paradoxe salutaire, que la crainte de Dieu nous délivre de la crainte anxieuse. Si nous vivons dans le respect de la souveraineté de Dieu, nous relativisons tous les autres pouvoirs. À la naissance de son fils Jean, Zacharie prophétisait dans l'Esprit que Dieu avait fait serment « de nous accorder que, sans crainte, délivrés de la main de nos ennemis, nous le servions en sainteté et justice devant lui, tout au long de nos jours » (Lc 1, 73-75). Le meilleur remède à l'anxiété, c'est la crainte de Dieu : cette délivrance est sans doute le plus précieux de ses dons.

*Tu ne me verras que de dos.*

Le livre de l'Exode nous raconte une expérience exceptionnelle de la *kabod* (Ex 33, 12-23). Le célèbre exégète de Tübingen Fridolin Stier († 1981), un spécialiste de l'Ancien Testament, notait dans son journal à propos de cette péricope son vœu le plus cher, « celui de pouvoir un jour, après avoir résolu les problèmes techniques de l'exégèse (texte, forme, tradition, intention de l'auteur, etc.), faire le commentaire de cette scène, l'une des plus grandioses de l'Ancien Testament, de telle façon qu'on en vienne enfin à parler de l'essentiel, à savoir du désir d'un homme de voir la gloire de Dieu, son visage. C'est dire que la conversation familière avec le Seigneur, l'expérience intime de sa conduite et de sa protection ne lui suffisent plus ; il désire l'expérience plénière, la saisie immédiate de la réalité de Dieu. Cela lui est refusé : Dieu le met dans une fente de rocher et couvre les yeux de Moïse durant le passage de sa gloire. "Puis, j'écarterai ma main, et tu me verras de dos, car ma face on ne peut la voir." Or cela, Dieu vu de dos, c'est la plus haute vérité, la vérité ultime qu'il nous est donné de voir. Quant aux théologiens, aux philosophes ou autres spécialistes, voilà ce qu'ils pourront voir : le dos de Dieu, du moins s'ils désirent réellement voir sa face [1]. »

C'est une rude tâche pour Moïse que d'affronter Pharaon, de délivrer le peuple de sa tyrannie et de le conduire à travers le désert jusqu'à la Terre promise. Aussi Moïse trouve-t-il sans cesse de nouvelles excuses pour se soustraire à sa redoutable mission. C'est dans une telle situation qu'il reçoit la promesse de Dieu : « J'irai moi-même avec toi, et je te donnerai le repos » (Ex 33, 14). Alors Moïse lui présente cette audacieuse requête : « Fais-moi de grâce voir ta gloire » (Ex 33, 18), comme pour vérifier que Dieu est vraiment avec lui et avec le peuple. Le texte de l'Exode nous rapporte alors la réponse de Dieu : « "Je ferai passer devant toi toute ma beauté *[kabod]*

---

1. *Vielleicht ist irgendwo Tag. Aufzeichnungen*, F. H. Kerle Verlag, Fribourg-Heidelberg, 1981, p. 205.

et je prononcerai devant toi le nom de Yahvé. Je fais grâce à qui je fais grâce et j'ai pitié de qui j'ai pitié." "Mais, dit-il, tu ne peux pas voir ma face, car l'homme ne peut me voir et vivre." Yahvé dit encore : "Voici une place près de moi. Tu te tiendras sur le rocher. Quand passera ma gloire, je te mettrai dans la fente du rocher et je te couvrirai de ma main jusqu'à ce que je sois passé. Puis j'écarterai ma main et tu verras mon dos ; mais ma face, on ne peut la voir" » (Ex 33, 19-23).

Ce passage de l'Exode exprime avec vigueur et vivacité ce que tout chercheur de Dieu ressent, qu'il soit capable de le formuler ou non : le désir de voir la face de Dieu. Ne connaître Dieu que par ouï-dire, cela ne nous suffit pas. Il nous est dur que dans sa parole et son Nom divin Dieu se cache plus qu'il ne se révèle. L'obscurité de la prière nous pèse lourdement. L'objet de nos soupirs n'est rien moins que la face de Dieu, que la gloire du Dieu saint. Mais justement, ce désir ne peut être exaucé sur cette terre ; nous ne verrons jamais la gloire de Dieu que de dos. Le désir lancinant et à demi conscient, que rien ne peut apaiser, de voir Dieu face à face, à découvert, sera toujours comme une écharde dans la chair. Ce qui est la plus profonde aspiration humaine est au-delà de notre pouvoir. L'art de la vie spirituelle consiste à marcher avec cette soif inassouvie, sans jamais abandonner notre effort et sans chercher de compensations. C'est comme de marcher sur une ligne de crête : la tentation nous guette sans cesse de combler le vide au moyen de possessions, de plaisirs, d'activités et de relations, de paroles et de pensées, parfois même fort pieuses.

Quand la *kabod* passe, nous sommes nous aussi dans la sombre caverne du rocher, et nous ne voyons absolument rien. C'est seulement rétrospectivement que nous découvrons que c'était le moment de la plus grande proximité de Dieu. C'est ainsi que va la vie avec Dieu. Dans les plus dures périodes de notre pèlerinage terrestre, il n'y a qu'une trace de pas sur le sable. Où est passée l'autre ? Dieu ne nous accompagnait-il plus ? Si : il nous portait. Dans les moments de grande souffrance Dieu semble absent et nous nous sentons abandonnés. Peut-être découvrirons-nous un peu plus tard combien Dieu était proche en réalité, à ce moment-là, et combien ces temps difficiles ont été féconds. Une contemplative me racontait un jour comment ces lignes toutes simples lui avaient été une ancre providentielle dans un temps de crise : « Une heure viendra où tu verras que ce qui naguère te déconcertait, n'était en réalité qu'une silencieuse maturation. Alors ton cœur réalisera avec gratitude que tout, absolument tout est grâce. » C'était aussi l'expérience de sainte Thérèse de Lisieux ; à la fin de sa vie, elle aimait à répéter : « Tout est grâce. » Sören Kierkegaard fait cette remarque pertinente dans son réalisme : « La vie se vit vers l'avenir et se relit vers le passé. »

## CHAPITRE XVII

## AVEC LES YEUX DE LA FOI

Nous pouvons voir Dieu de dos dans la création si nous savons la regarder avec les yeux de la foi, puisque « Le ciel et la terre sont remplis de ta gloire », comme nous le chantons à chaque eucharistie (Is 6, 3). « Les cieux racontent la gloire de Dieu, et l'œuvre de ses mains, le firmament l'annonce » (Ps 19, 2). « Non point récit, non point langage, nulle voix qu'on puisse entendre ; mais pour toute la terre en ressortent les lignes et les mots jusqu'aux limites du monde » (*ibid.*, 4-5). « Les cieux proclament sa justice et tous les peuples voient sa gloire » (Ps 97, 6). « Car la terre sera remplie de la connaissance de la gloire de Yahvé comme les eaux couvrent le fond de la mer » (Ha 2, 14 ; voir Is 11, 9).

Au milieu du siècle dernier, le pèlerin russe, qui s'appliquait avec grande ferveur à la prière de Jésus, fait part de cette expérience : « Quand je commençais à prier avec le cœur, le monde extérieur m'apparaissait sous un aspect ravissant ; arbres, herbe, oiseaux, terre, air, lumière, tout me disait qu'ils existent pour l'homme, qu'ils témoignent de l'amour de Dieu pour l'homme ; tout priait, tout chantait "gloire à Dieu". C'est ainsi que je commençais à comprendre ce que la philocalie appelle "la connaissance du langage des créatures[1]". »

---

1. *Récits d'un pèlerin russe*, traduits et présentés par Jean Laloy, Baconnière-Seuil, Paris, 1966, p. 149 (en substance).

Percevoir ainsi la nature et le monde entier est d'une importance vitale. Si je n'apprends pas à découvrir la gloire de Dieu ici-même, sur terre, je relègue Dieu dans l'au-delà et prive le monde de son cœur. Nous-mêmes, alors, nous tenons Dieu à distance en ne lui rendant pas justice, et nous défigurons le monde, nivelons et banalisons la création, lui faisant perdre sa force symbolique, sa transparence, son caractère pour ainsi dire sacramentel. Dès lors, elle n'est plus comprise comme le rayonnement de la gloire de Dieu, la manifestation du don que Dieu fait de lui-même ; nous rendons sans effet l'une des grandes bénédictions de notre foi : « Nous pouvons dire que le grand mystère du christianisme n'est pas exactement l'apparition de Dieu dans notre monde, mais la transparence du monde à Dieu. En un mot, on n'a pas à reconnaître Dieu dans des visions particulières, mais dans la manière dont sa divinité transparaît en toute la création pour qui la regarde avec les yeux de la foi[1]. »

Si nous négligeons ce regard de foi, nous creusons un fossé entre Dieu et le monde. Nous isolons Dieu, comme s'il était sans lien avec le monde et sans réaction à l'égard de ce qui s'y passe. Du même coup nous profanons la terre, comme si l'écologie, la réduction des armements, l'aide au développement des peuples, la dette du tiers monde, n'avaient rien à voir avec Dieu. Tous ces problèmes sont pourtant de la plus haute importance pour les générations à venir, et l'on ne peut en résoudre aucun avec les seuls moyens de la politique ou de l'éthique. Les racines de la solution sont plus profondes. Nous avons besoin d'éprouver un respect sacré pour la création qui nous est confiée en gérance par le Créateur, et de reconnaître en elle la *kabod* inépuisable de Dieu. Affiner notre sens de cette *kabod* serait un don infiniment précieux pour la famille humaine actuelle et future. Cela pourrait fournir le fondement providentiel de ce changement si désespérément désiré, dans notre manière de nous comporter envers la vie et la

---

[1]. Wilkie Au, s.j., *By Way of the Heart*, Paulist Press, Mahwah, New York, 1989, p. 90.

nature. Le mouvement écologique ne saurait être efficace s'il n'est pas porté par une spiritualité authentique qui le fonde.

Si la gloire de Dieu peut être reconnue dans la nature, elle est bien plus reconnaissable encore dans l'être qui en est le couronnement : la personne humaine. On évoquera la très ancienne et audacieuse affirmation de saint Irénée de Lyon († 202) : « La gloire de Dieu c'est l'homme vivant », suivie de cette autre qui n'est pas toujours citée : « La vie de l'homme c'est la vision de Dieu », sans oublier le contexte, qui est rarement mentionné : « Vivifiante est la splendeur de Dieu, ils auront donc part à la vie, ceux qui voient Dieu[1]. » Ces propos exprimant la confiance en la vie s'appuient sur le début de la genèse, quand Dieu dit : « Faisons l'homme à notre image, comme notre ressemblance... Dieu créa l'homme à son image, à l'image de Dieu il le créa, homme et femme il les créa » (Gn 1, 26-27). L'Église d'Orient prend ce texte très au sérieux dans sa liturgie, comme le montre cette prière pleine de respect envers soi-même : « Je reste une icône de ta gloire inexprimable, même lorsque le péché me défigure. »

*Source d'accomplissement.*

La *kabod* est le fondement de la joie de la Bonne Nouvelle. La gloire de Dieu est la source de la grandeur de l'homme et la grâce de Dieu celle de la nouvelle création (voir 2 Co 5, 17). Qui a été touché par la gloire inaccessible de Dieu saura respecter la grandeur de la personne humaine. La foi vivante en Dieu engendre une relation juste avec la terre et spécialement avec le prochain. Le respect est une attitude qui permet de percevoir quelque chose à quoi l'irrespectueux est insensible : le mystère qui est au cœur des personnes et des choses.

Dans ce qui nous reste de son journal spirituel, saint Ignace parle à maintes reprises de l'intense sentiment de respect qui

---

[1]. *Contre les hérésies* IV, 20 ; Éd. du Cerf, Paris, coll. « Pères grecs » 7, 1037 ; coll. « Sources chrétiennes » 100, 649.

le pénètre. Le 14 mars 1544, il note : « Pendant tout ce temps, avant, pendant et après la messe, il y avait en moi une pensée qui me pénétrait au profond de l'âme : avec quelle révérence et quel respect, allant à la messe, je devrais nommer Dieu notre Seigneur, etc., et ne pas chercher les larmes, mais ce respect et cette révérence. »

Durant les quinze jours qui suivent, les notes consignées sont le plus souvent brèves, mais la crainte amoureuse est mentionnée chaque fois. Le dimanche 30 mars, il écrit à l'aube : « Pendant tout ce temps il me semblait que l'humilité, la révérence et le respect ne devaient pas être craintifs, mais amoureux. Et cela s'affermissait dans mon âme, qui répétait : "Donne-moi l'humilité amoureuse et fais de même pour la révérence et le respect." » Au cours de cette journée, cette révérence et cette crainte s'étendent à toute la création : « Ensuite dans la journée, grande joie à me souvenir de cela. Il me semblait que je ne m'arrêterais pas là, mais que viendrait ensuite la même chose envers les créatures, c'est-à-dire l'humilité amoureuse, etc.[1]. »

Cette humilité amoureuse devient une attitude essentielle pour Ignace, attitude qu'il attend aussi de ses disciples, comme il l'a exprimé maintes fois dans ses Constitutions : « On les [c'est-à-dire les novices] exhortera souvent à chercher en toutes choses Dieu notre Seigneur, arrachant autant que possible d'eux-mêmes l'amour de toutes les créatures pour le placer dans le Créateur, l'aimant en toutes et les aimant toutes en lui, conformément à sa très sainte et divine volonté[2]. »

Les confrères d'Ignace le dépeignent comme un homme de grand respect. Cette attitude lui permet d'embrasser Créateur et créatures d'un même regard. Il était contemplatif dans l'action, trouvant Dieu en toute chose. Le respect est l'expression concrète de son union à Dieu ; c'est la seule attitude qui

---

1. Trad. de Maurice Giuliani, s.j., Desclée de Brouwer, coll. « Christus », Paris, 1959 : 14 mars, p. 100 ; 30 mars, p. 106.
2. III, 288 ; traduction française par François Courel, s.j., Desclée de Brouwer, coll. « Christus », Paris, 1967, p. 100.

rende justice au mystère que renferme toute réalité. C'est uniquement dans le respect que nous atteignons les choses et les personnes telles qu'elles sont. La première exigence de notre temps n'est pas la domination, mais le respect de la création ; tel fut dès l'origine le commandement de l'Écriture. « La plus grande valeur sur terre est le respect, car il est le cœur de l'amour » (Hermann Schell). Le respect nous apprendra si un amour est sincère ou non ; là où le respect fait défaut, l'amour fait défaut lui aussi, et cela quelles que soient les apparences.

La tradition hassidique nous livre ce propos lapidaire : « La crainte sans amour est une imperfection ; l'amour sans crainte n'est rien du tout. » Le grand poète allemand Johann Wolfgang von Goethe († 1832) dit la même chose avec plus d'élégance : « Il est une chose que personne n'apporte avec soi en naissant et qui est pourtant indispensable pour être un homme complet : le respect. »

L'antique Règle de saint Benoît († 547) fait apparaître un lien étroit entre la révérence à l'égard de la majesté divine et le respect aimant du prochain, comme nous le voyons dans cette étonnante recommandation : « Le portier doit secourir le visiteur avec toute la douceur de la crainte de Dieu » (66, 4). « Dans la salutation elle-même, on montrera une parfaite humilité à tous les hôtes qui arrivent ou qui s'en vont : par une inclination de tête ou une prostration de tout le corps à terre, on adorera en eux le Christ, puisque c'est lui qu'on reçoit » (53, 6-7). En fait, l'Évangile nous demande lui aussi de nous comporter de la sorte envers le dernier de nos frères ou de nos sœurs ; en eux c'est Jésus que nous rencontrons (Mt 25, 40.45). Le mystère de l'Incarnation va bien au-delà de ce que nous avons tendance à penser.

*Notre refuge et notre abri.*

La gloire dans la Bible frappe comme la foudre ; on ne peut la voir et continuer de vivre. Mais en même temps la *kabod* est refuge et protection pour la vie humaine. Si l'on résiste à la *kabod* on est brisé par sa force irrésistible, mais si l'on se confie à cette *kabod*, on découvre qu'elle est tout entière au service de la fidélité et de l'amour de Dieu, ou plus précisément qu'elle est une seule et même chose avec l'amour et la fidélité de Dieu. Pour le reste fidèle d'Israël, « sur toute gloire il y aura un dais et une hutte pour faire ombre le jour contre la chaleur, et servir de refuge et d'abri contre l'averse et la pluie » (Is 4, 5-6). Pour consoler les exilés pieux emmenés en captivité à Babylone, le prophète Baruch leur rappelle constamment la *kabod* (5, 1-4.7) :

> Jérusalem, quitte ta robe de tristesse et de misère,
> revêts pour toujours la beauté de la gloire de Dieu,
> prends la tunique de la justice de Dieu,
> mets sur la tête le diadème de la gloire de l'Éternel ;
> car Dieu veut montrer ta splendeur partout sous le ciel,
> et ton nom sera de par Dieu pour toujours :
> « Paix de la justice et gloire de la piété. »...
>
> car Dieu a décidé que soient abaissées toute haute montagne
> et les collines éternelles,
> et comblées les vallées pour aplanir la terre,
>   pour qu'Israël chemine en sécurité sous la gloire de Dieu.

Le plus grand danger pour l'espèce humaine n'est pas l'exploitation de la terre, la dévastation de l'environnement nécessaire à la vie, la menace d'une catastrophe nucléaire ou de la manipulation des gènes. Certes il s'agit là de dangers à l'échelle planétaire, et que nous ne saurions prendre trop au sérieux ; mais ils ne touchent pas à l'essentiel en nous. Saint Paul parle de la possibilité de perdre la gloire de Dieu : cela détruirait ce qui fait le cœur de notre existence humaine, dévasterait le tréfonds de notre être. La présence protectrice de la *kabod* se transformerait en son contraire et se tournerait contre nous. C'est le « non » qui tue la vraie vie. Le fleuve coupé de sa source se tarit. C'est ce qui se passe dans le péché, si nous prenons les mots de Paul en leur sens profond, existentiel. L'épître aux Romains déclare en effet : « Tous ont péché et sont privés de la gloire de Dieu » (Rm 3, 23). J'ajouterai qu'il fait cette remarque dans une lettre qui traite de l'entière gratuité de la miséricorde et de la grâce de Dieu. La grandeur du pardon donné est à la mesure de la profondeur de la chute.

# CHAPITRE XVIII

# LE TOUT AUTRE

Fixer les yeux sur la *kabod* de Dieu n'est pas une affaire de tout repos. À la fois elle nous élève et nous couvre de honte, et c'est là surtout que Dieu est vécu comme le Tout Autre. Or nous préférons considérer les ressemblances entre Dieu et nous : elles sont plus accessibles.

À l'occasion de son quatre-vingtième anniversaire, Karl Rahner fit, dans sa ville natale de Fribourg en Allemagne, une conférence qui se trouva être sa dernière intervention publique importante [1]. Le titre en était « Expériences d'un théologien catholique ». Cette attitude de crainte et d'adoration face au mystère insondable de Dieu, dont sont empreints tant de ses écrits, a été le sujet même de cette ultime conférence. C'est une belle coïncidence que tel ait été son chant du cygne.

La première expérience dont il parle touche d'emblée et en profondeur la doctrine et la pratique de notre foi. À un moment ou à un autre, dit-il en substance, tous les manuels de théologie font remarquer explicitement que notre discours sur Dieu est toujours analogique et que, dans cette analogie, les différences entre nos mots et la réalité divine sont plus

---

1. Quelques semaines plus tard, le 30 mars 1984, il mourait à Innsbruck, en Autriche, après une courte maladie. Le texte cité se trouve dans *Herder Korrespondenz* 38-5, mai 1984, p. 224-230, et sera utilisé plusieurs fois dans les paragraphes qui suivent.

grandes que les ressemblances mentionnées. Mais souvent, à mesure que se développe notre discours sur Dieu, nous oublions cette vérité essentielle.

Chaque affirmation vraie et valable sur Dieu devrait en un certain sens être en même temps niée. Sans ce balancement, plein de déférence et de suspens, entre le oui et le non, nos assertions seraient trop simples et reviendraient en fait à méconnaître le mystère de Dieu. Il est manifeste que l'ineffable altérité de Dieu rend toute pensée et toute parole à son sujet terriblement inadéquates. Nous devons constamment avoir conscience de l'inadéquation de nos mots et sans cesse en reconnaître l'insuffisance pour que le lecteur ou l'auditeur n'oublie pas que Dieu « habite une lumière inaccessible » (1 Tm 6, 16).

Nous devons laisser tomber chacune de nos paroles dans le silence du mystère insondable de Dieu. Inutile de dire que la tentation nous guette de vouloir malgré tout dominer quelque peu notre sujet. Parler avec justesse de la *kabod* exige des théologiens une réserve telle que, à la longue, peu d'entre eux s'y tiennent. Avec quelle facilité notre discours ne se dégrade-t-il pas ! et nous voilà parlant de Dieu comme d'un bon ami, d'une personne bien connue, voire d'une chose claire et distincte. On a vite fait de parler de la volonté de Dieu comme d'une chose qui n'a pas de secret pour nous. Combien de discussions théologiques et plus encore de discours politico-ecclésiastiques ne s'achèvent-ils pas, malheureusement ! en constructions idéologiques, parce que nous avons oublié notre non-savoir.

Il nous arrive d'avoir l'impertinence de prétendre ou de nier quelque chose touchant aux intentions de Dieu, parce que « nous ne pouvons imaginer qu'il en soit autrement ». Comment penser que nous puissions imaginer quoi que ce soit à propos de Dieu ? Avons-nous oublié que nos idées sont infiniment courtes face à la grandeur incommensurable de Dieu ? Comme il est rare que nos assertions prononcées du haut des chaires d'enseignement ou de prédication et par les saints dicastères de l'Église soient empreintes de l'humble retenue qui convient à des créatures parlant de l'inexprimable ! « Comme il est rare que nos paroles fassent pressentir qu'elles ne sont que la dernière étape avant le grand silence qui remplit les cieux eux-mêmes lors de la vision face à face » (Karl Rahner). Lorsque Karl Rahner prononçait ces mots, il ne savait sans doute pas qu'il était lui-même tout près de ce grand silence — ou peut-être le pressentait-il plus que nous ne le pensons ?

Il y a indubitablement des manières de faire silence sur Dieu ou de l'éviter qui sont le fait d'esprits superficiels et peu sensibles à ce saisissement religieux que provoque la sainteté de Dieu. Ce type de silence n'a évidemment rien à voir avec la crainte sacrée et la sainte retenue que connaît l'homme touché par la *kabod*. Il faut beaucoup de renoncement à soi, voire une ascèse continuelle, pour accepter que notre image de Dieu se voie constamment corrigée. C'est un dépouillement très douloureux. Le vrai Dieu n'est nullement tenu de répondre à nos attentes. Dieu reste toujours imprévisible, et même assez souvent déconcertant, comme l'exprime Isaïe (55, 8-9) :

> Car vos pensées ne sont pas mes pensées,
> et mes voies ne sont pas vos voies, oracle de Yahvé.
> Autant les cieux sont élevés au-dessus de la terre,
> autant sont élevées mes voies au-dessus de vos voies
> et mes pensées au-dessus de vos pensées.

## Dieu insaisissable.

Laisser Dieu être Dieu, c'est accepter son mystère, et donc vivre dans l'émerveillement et la disponibilité. Cela implique qu'on renonce à être seul maître à bord. Il est certain que Dieu est amour, que son amour nous a appelés à la vie, qu'il nous aime inconditionnellement tels que nous sommes et qu'il souhaite pour nos vies un riche épanouissement et une grande fécondité. Pourtant, nous ne savons pas d'avance ce que cela signifie concrètement et quelle forme Dieu donnera à cet immense amour ; nous ne le verrons qu'après coup. Le mystère qu'est Dieu réserve bien des surprises et seuls ceux qui s'ouvrent vraiment à lui, qui lui ouvrent leurs mains et leur cœur, peuvent vivre la foi.

Le mystère de Dieu n'est pas diminué par l'incarnation du Verbe, mais plutôt poussé à l'extrême. Jésus ne nous dispense aucunement de cette attitude d'ouverture radicale. Il demande à ses disciples de miser tout leur avenir sur le Royaume : « Les renards ont des tanières et les oiseaux du ciel ont des nids ; le Fils de l'homme, lui, n'a pas où reposer sa tête » (Lc 9, 58), telle est la réponse de Jésus à un interlocuteur qui lui proposait de le suivre partout où il irait. Les tanières et les nids sont évidemment les symboles de la sécurité et du confort auxquels le cœur humain aspire naturellement. Jésus a renoncé à l'un et à l'autre et il désire que ses disciples fassent de même. Le seul lieu où Jésus puisse reposer est son Père et la volonté de son Père. Pour le Royaume de Dieu et sa gloire, nous devons nous aussi abandonner toute chose ; c'est justement dans ces exigences radicales que Jésus se manifeste comme celui qui connaît le Très-Haut (voir Lc 10, 22) et qui, dans sa parfaite intimité avec le Père, a toujours été tendrement attaché à sa *kabod*.

Le célèbre sculpteur allemand Ernst Barlach († 1938), qui connut pendant sa vie bien des souffrances, dit un jour : « Je n'ai pas de Dieu. » On pourrait en conclure qu'il était athée. Mais le vrai sens de sa phrase est éclairé par la suivante : « Je le loue d'être ce qu'il est. Je n'ai pas de Dieu, c'est Dieu qui m'a. » Cette foi lui donna la force dont il avait besoin pour supporter ses épreuves.

L'exégète allemand Fridolin Stier, dont il était question au chapitre XVI, confia un jour à son journal cette histoire imaginée par lui :

> Quand le cardinal inquisiteur me demanda si je croyais en Dieu, je répondis : « Non, je ne crois pas en votre Dieu. » Quand l'athée me demanda si je croyais en Dieu, je répondis également : « Non, je ne crois pas en ce Dieu que vous niez. » Si j'avais répondu affir-

mativement aux deux questionneurs, j'aurais été déloyal envers l'un et envers l'autre ; je les aurais induits en erreur par inadvertance ; chacun, en effet, aurait identifié le Dieu en qui je déclarais croire avec le sien, que l'un confessait et l'autre niait. « Vous croyez donc en un dieu ! » s'écrièrent le cardinal et l'athée d'une seule voix. « En Dieu, s'il vous plaît, non en *un* dieu, ni en mon dieu, ni en celui-ci ni en celui-là, car ils ne sont tous que des dieux. *Dieu*, lui, n'est pas d'accord avec tous ces dieux-là, ni avec ceux qui vénèrent ou détruisent leurs images ; ainsi Dieu est-il le plus militant des athées. » L'inquisiteur me déclara coupable de blasphème, l'athée me méprisa et me traita de filou [1].

Cette histoire nous permet de mieux comprendre ce propos de Maître Eckhart : « Je prie Dieu de me délivrer de Dieu. »

*Ne pas utiliser Dieu.*

Dans le décalogue, Dieu nous défend de prononcer son Nom en vain (Ex 20, 7), ce qui semble impliquer un commandement comme : Tu ne dois pas me faire dire ce qui te convient. Nous ne devons pas utiliser Dieu et la religion pour défendre nos intérêts, si pieux soient-ils. Dieu n'est pas le produit de nos désirs et de nos besoins. Dieu n'est pas là pour le monde, mais le monde et particulièrement les hommes sont là pour Dieu. Citons une fois encore la phrase sans équivoque qui ouvre les *Exercices spirituels* de saint Ignace : « L'homme est créé pour louer, respecter et servir Dieu notre Seigneur, et par là sauver son âme » (ES 23). Certes le service de Dieu est le meilleur moyen d'amener l'homme à se réaliser pleinement en ce monde et dans l'autre, mais cela ne veut pas dire qu'il faille réduire Dieu à un instrument pour l'accomplissement de l'homme. Pour l'homme, la réalisation de soi sur terre et au ciel est le fruit de son abandon à Dieu. Peut-être est-ce comparable à une amitié, qui normalement apporte avec elle certains

---

1. *Vielleicht ist irgendwo Tag. Aufzeichnungen*, F. H. Kerle Verlag, Fribourg-Heidelberg, 1981, p. 199.

avantages. Mais celui qui aspire à l'amitié en raison des avantages qu'il compte en retirer ne connaît pas la véritable amitié : bien au contraire, il défigure ce qu'elle est et la vide de sa substance. Il banalise une valeur précieuse et se fait à lui-même le plus grand tort.

De la même façon — tant pis si la comparaison est boiteuse —, ce serait une perversion de la foi que d'utiliser la gloire de Dieu à notre avantage, si noble soit-il. On ne saurait faire de Dieu une réponse bon marché ou coûteuse à nos problèmes réels ou imaginaires. Dieu est au-dessus de tout cela et reste toujours pour nous une immense question ainsi qu'une immense exigence. La majesté de Dieu n'est pas à nos ordres, ni à notre service. Penser et agir ainsi, c'est réduire Dieu à la mesure de l'homme et exalter l'homme jusqu'à faire de lui l'instance dernière —, mais c'est là un honneur trop lourd pour ses faibles épaules. En agissant de la sorte, on se ferme radicalement le chemin du bonheur et de la vraie réalisation de soi.

La croix que tout homme rencontre un jour ou l'autre sur son chemin démasque la vanité de cette autoglorification. Certes la croix reste une folie et un scandale que nous n'arrivons pas à assimiler. La tentative de maîtriser toute chose et de mettre la main sur le mystère de Dieu (en lui enlevant d'ailleurs tout ce qu'il a de mystérieux) échoue à coup sûr quand la croix entre dans nos vies. Inversement, c'est par la croix que l'authenticité de la relation de Jésus à son Père s'est manifestée[1]. De même, chacun de nous devra, tôt ou tard et de différentes façons, faire l'expérience de la gloire de Dieu sous la forme de la croix, et là sera la pierre de touche de la sincérité de notre relation à Dieu. En effet, quelle que soit la ressemblance, la majesté de Dieu et la dignité de l'homme demeurent des réalités radicalement différentes. Là est la souffrance.

Les pratiques et les œuvres religieuses peuvent malheureusement se dégrader en une tentative apparemment pieuse de

---

1. Voir les chapitres XXI-XXIII de ce livre.

forcer l'accès à Dieu, autrement dit de le mettre à notre service. Dès que nous essayons de mettre la main sur Dieu, nous entrons dans un état de tension et d'anxiété. C'est là le danger du légalisme qui ne s'épanouit pas dans l'amour (voir Mt 5, 17). Ce légalisme nous met à l'abri des surprises et des interventions de Dieu. En essayant d'imposer des limites à Dieu, nous nous interdisons l'accès à sa grandeur illimitée. Le pharisien, tel que l'Évangile le présente, est le prototype de l'homme qui a succombé à cette tentation. Le prophète Zacharie avait déjà dénoncé, dans sa troisième vision, cette étroitesse du manque de foi :

> Puis je levai les yeux et j'eus une vision. Voici : il y avait un homme, et dans sa main, un cordeau pour mesurer. Je lui dis : « Où vas-tu ? » Il me dit : « Mesurer Jérusalem, pour voir quelle est sa largeur et quelle est sa longueur. » Et voici : l'ange qui me parlait s'avança et un autre ange s'avança au-devant de lui. Il lui dit : « Cours, parle à ce jeune homme et dis-lui : Jérusalem doit rester ouverte, à cause de la quantité d'hommes et de bétail qui s'y trouve. Quant à moi, je serai pour elle — oracle de Yahvé — une muraille de feu tout autour et je serai sa Gloire. » [Za 2, 5-9.]

Jérusalem est ici, comme dans beaucoup de prophéties, une image de l'Église. Celle-ci doit non pas exclure, mais inclure. L'Écriture pense tout particulièrement à l'accueil chaleureux de tous les pauvres : les veuves, les orphelins, les victimes de l'injustice et de l'oppression. Dieu se tient toujours à leur côté, et le Très-Haut sera la gloire au milieu de Jérusalem — de l'Église — quand elle aura particulièrement à cœur de les accueillir.

# CHAPITRE XIX

# LE NOM INEFFABLE

Au Buisson ardent, Dieu a confié à Moïse la mission de conduire son peuple élu hors de l'esclavage vers la liberté. Comme soutien et garantie dans cette tâche difficile, il lui révèle son Nom, YHVH. Mais, après des millénaires, cette révélation n'a pas encore livré et ne livrera jamais son secret. La traduction qui est donnée habituellement est : « Je suis qui je suis » ou « Je suis celui qui est. » Et ainsi l'on fait de ce Nom une déclaration qui convient parfaitement à une philosophie de l'être. Le vrai sens du Nom reste ouvert, Dieu n'est donc pas enfermé dans une définition. Le Nom n'est pas statique, mais il se déploie de façon toujours nouvelle. Il ne décrit pas l'essence de Dieu, mais annonce une présence dynamique. Le Nom reste mystérieux — ni le « qui », ni le « quand », ni le « où » ne sont révélés —, mais il exprime une très grande intensité existentielle : la présence et l'activité infinies, la fidélité absolue de Dieu. Moïse peut s'en remettre à ce Nom pour accomplir sa mission, et chacun de nous peut faire de même.

Le Nom mystérieux « Yahvé » tient en équilibre la proximité et la distance dans notre relation à Dieu. Il est à la fois transcendant, c'est-à-dire infiniment au-dessus de toutes les réalités terrestres et humaines, et immanent, c'est-à-dire vivant en tout ce qui existe comme le mystère le plus intime, comme le fond le plus profond de chaque être. Immanent, Dieu habite au plus intime du monde qu'il emplit et vivifie ; transcendant, il ne peut être limité à ce monde. Ces deux aspects nous semblent, à nous, antithétiques, mais ils sont en réalité les deux pôles complémentaires de l'ineffable. Si nous négligeons trop l'immanence de Dieu, nous le bannissons loin de notre vie, et nous faisons du Très-Haut un étranger distant à qui presque rien ne nous relie ; cela revient à frapper Dieu d'ostracisme et conduit à un monde et à un genre humain sans Dieu — ce qui, évidemment, prive notre vie d'une grande part de son sens et de sa véritable plénitude. Par ailleurs, à n'être pas attentifs à la transcendance de Dieu, nous lui dérobons sa grandeur et sa puissance et réduisons le Très-Haut à n'être qu'une entité terrestre, ce qui enlève en revanche au monde toute profondeur et toute intériorité. Dans le cas extrême, Dieu et le monde seraient considérés comme étant à égalité ; le monde serait alors une idole ; la fatalité et l'apathie y régneraient.

L'expérience prouve d'une manière de plus en plus convaincante que le monde privé de son fondement existentiel ne peut conserver sa santé. Quand le monde se fait idole, les humains se mettent à exploiter la création d'une manière éhontée, et avec tant de frénésie qu'ils risquent d'anéantir ce qu'ils viennent de proclamer leur suprême et ultime valeur. La déification du monde étouffe la création. Avec la croissance du mouvement écologique, beaucoup ont pris conscience de ce fait, et la réaction face à cette exploitation est importante, quoique souvent ambiguë. En effet, si nous en restons à une conception qui identifie Dieu et le monde, l'effroi éprouvé devant la destruction de l'environnement peut nous jeter dans une autre extrême : un excès de protection de la nature, proche lui aussi de l'idolâtrie, mais cette fois dans l'autre sens. On est frappé de constater que cette surprotection présente parfois des inconvénients et qu'elle peut même à l'occasion être tout à fait inconséquente (par exemple à propos de l'avortement). Serait-ce un signe de son manque de profondeur ?

Saint Augustin, dans ses *Confessions*, a proposé une synthèse devenue classique de la transcendance et de l'immanence perçues à partir de la foi : « Dieu est au-dedans de moi plus que mon âme la plus profonde et au-dessus de mes plus hautes cimes » (III, 6, 11). Le Très-Saint m'est plus proche et plus fidèle que je ne le suis à moi-même. Dieu est plus immanent à moi que moi-même. C'est justement ce surplus d'immanence qui est la divine transcendance. Cette dernière n'est pas une sorte d'insensibilité à l'égard de la souffrance ou de la joie humaine, mais une intériorité et une intimité qui dépassent toute mesure humaine.

Dieu, le rocher fidèle et inébranlable qui nous porte en toute circonstance, ne doit être confondu avec rien ni personne ; mais tout doit être compris par référence au Très-Haut : « Dieu est celui hors de qui il n'y a rien » (Peter Knauer).

*Sainteté.*

L'Écriture relie étroitement la *kabod*, immanente et transcendante, à la sainteté de Dieu. Gloire et sainteté sont l'une et l'autre des qualités jalousement réservées à Dieu. Elles correspondent à son être le plus intime. Comme la gloire, la sainteté de Dieu ne peut être comprise à partir de la seule création ; elle a besoin de la révélation. Son origine appartient sans ambiguïté à Dieu seul. Elle fait partie du sublime mystère que nous appelons Dieu. « Qui pourrait tenir en face de Yahvé, le Dieu saint ? » demandaient les gens de Bet-Shémesh lorsque l'arche d'Alliance, le signe par excellence de la présence de Dieu dans son peuple, fut ramenée du pays des Philistins dans leur ville (1 S 6, 20). L'homme ne peut supporter ni la gloire de Dieu ni sa sainteté. Certes elles sont un appel : « Soyez saints, car moi, Yahvé votre Dieu, je suis saint » (Lv 19, 2). Mais, à proprement parler, c'est Dieu lui-même qui nous rend saints : « C'est moi Yahvé qui vous rends saints » (Lv 20, 8). Dieu est la source de toute sainteté, comme dit la seconde prière eucharistique. Seul le Très-Haut peut pardonner les péchés (voir Mc 2, 7). Or, sans ce pardon, on ne peut parvenir à la sainteté.

Comme la *kabod*, la sainteté, avec toute la dynamique qui lui est propre, fait irruption dans notre sphère humaine, nous proposant le pardon, mais après nous avoir au préalable révélé notre faute. Tant que nous nous contentons de nous regarder, nous pouvons jusqu'à un certain point nous faire illusion sur nous-mêmes, mais le regard sur la sainteté du Tout Autre démasque notre illusion et notre apparence de justice. Elle sonde l'âme et le cœur. Le Dieu que Jésus appelait *Abba* et vers qui il nous conduit n'est ni un bon grand-père, ni un Dieu selon notre bon vouloir. Avec tout son amour inconditionné et sa miséricorde, cet *Abba* est aussi le Très-Saint et le juge infiniment juste.

Dans la vision rapportée au premier chapitre de l'Apocalypse (v. 12-18), le Fils de l'homme nous apparaît au milieu de sept candélabres d'or « avec... ses yeux comme une flamme ardente... et de sa bouche sort une épée acérée, à double tranchant ». Dans l'épître aux Hébreux le message est plus clair encore : « Vivante, en effet, est la parole de Dieu, efficace et plus incisive qu'aucun glaive à deux tranchants, elle pénètre jusqu'au point de division de l'âme et de l'esprit, des articulations et des moelles, elle peut juger les sentiments et les pensées du cœur. Aussi n'y a-t-il pas de créature qui reste invisible devant elle, mais tout est nu et découvert aux yeux de Celui à qui nous devons rendre compte » (He 4, 12-13). Dieu que nous avons domestiqué par nos habitudes, enchaîné par notre goût du confort, neutralisé par notre vie bien bourgeoise et rendu « d'entretien facile » par notre mentalité de consommation, perce à jour nos rationalisations, démasque nos refoulements et juge nos intentions cachées. La splendeur de la sainteté de Dieu pénètre de sa lumière tout notre être. Tel est le jugement. Il n'a pas besoin de paroles ni d'explications ; il a la clarté de l'évidence, et il est l'absolue vérité.

Si l'on a quelque peu le sens de cette sainteté, on fera souvent et avec une intime conviction la prière que saint Ignace recommande à ses retraitants au début de chaque méditation : « Demander la grâce à notre Seigneur, pour que toutes mes intentions, mes actions et mes opérations soient purement ordonnées au service et à la louange de sa divine Majesté » (ES 46). Cette prière reprend le « Principe et Fondement »

(ES 23) sous la forme d'une prière de demande. Elle recèle un formidable dynamisme, puisque servir et louer Dieu implique l'appel à répandre sa gloire. Or cette dernière embrasse le monde entier et tous les hommes, ce qui doit être révélé par nos actes. La prière préparatoire répétée fidèlement approfondit, si elle est faite avec foi, cette disposition d'esprit et fait grandir en nous l'esprit apostolique et missionnaire.

*Mission.*

Dans la Bible, la rencontre de la gloire de Dieu transforme la personne en apôtre. Nous avons mentionné au début du chapitre XV la vision d'Isaïe, qui se termine par ce verset : « Alors j'entendis la voix du Seigneur disant : "Qui enverrai-je ? Qui ira pour nous ?" Et je dis : "Me voici, envoie-moi" » (Is 6, 8). De la même façon, Pierre est envoyé en mission après la bouleversante expérience de la pêche miraculeuse qui lui fait saisir avec tant d'intensité la transcendance de Jésus : « Sois sans crainte ; désormais ce sont des hommes que tu prendras » (Lc 5, 10). Ces expériences si profondes ne visent jamais exclusivement une personne privilégiée. Si elles sont accordées à une personne, c'est afin qu'elles portent du fruit pour beaucoup d'autres. Par ailleurs, sans une certaine expérience de la *kabod*, nul ne peut devenir apôtre ; il ne pourrait prêcher qu'un petit dieu ; de tels apôtres s'appuieraient trop sur leurs propres forces et prêcheraient par trop pour leur propre compte. Avoir été effleuré par la *kabod*, voilà le fondement d'une véritable mission apostolique.

Cela explique pourquoi l'humilité est si essentielle pour l'apôtre. Saint Paul écrit : « Dieu, ce me semble, nous a, nous les apôtres, exhibés au dernier rang » (1 Co 4, 9). Or accepter cela est un défi qui exige de nous une lutte de chaque instant contre nous-mêmes. Nous avons déjà bien des difficultés à saisir ce qu'est l'humilité. Elle est si mal comprise qu'on peut se demander si ces fréquents malentendus ne sont pas l'effet d'une résistance à l'humilité même.

# CHAPITRE XX

# HUMILITÉ

Il ne faut évidemment pas confondre humilité et complexe d'infériorité, mauvaise image de soi ou manque d'assurance, qui dénotent plutôt un manque d'humilité. De même, être humble, signifie davantage que prendre conscience de ses limites et savoir les reconnaître. On dit souvent que l'humilité, c'est la vérité. Cette assertion s'appuie sur le fait que la perfection n'existe pas ici-bas : il n'y a pas de parents parfaits ni d'époux parfaits, ni de filles ou de fils parfaits ; il n'y a ni communauté, ni supérieur, ni chef, ni Église ni État parfaits. Nous-mêmes, nous ne sommes pas parfaits, pas plus que nos actes. Accepter cet état de choses demande un certain courage, mais c'est le seul moyen d'améliorer la situation puisqu'on ne peut changer que ce que l'on a d'abord accepté. Ces réflexions sont tout à fait exactes, mais l'humilité est davantage que cela.

En dernière analyse, être humble signifie être centré sur Dieu et sur Jésus plus que sur nous-mêmes[1]. Il est alors décisif de tourner les yeux vers la gloire de Dieu. Quelqu'un de vraiment humble ne peut qu'être fasciné par la beauté de Dieu et sa sainteté, ce qui, dans la vie, le délivrera de bien des complications inutiles, mais aussi de bien des complexes. Être humble signifie sentir l'abîme qui nous sépare de Dieu, et

---

1. Voir Jean LAFRANCE, *La prière du cœur*, Paris, 2ᵉ éd., 1980, p. 56 et 76.

simultanément, sans ignorer l'abîme, l'amour qui nous unit à lui. L'humilité est alors très proche de l'adoration, qui est le désir profond que Dieu soit Dieu. C'est parce que Dieu est Dieu que l'homme peut être homme. L'humilité est l'attitude fondamentale correspondant à cette structure inhérente à toute réalité. L'humilité ne se soucie pas de soi, ni dans le succès ou l'échec, ni dans la joie ou la peine. C'est pourquoi rien ne peut décourager la véritable humilité. Elle est source de confiance et de courage, et avant tout de cette persévérance souple et infatigable qui n'a rien à voir avec l'entêtement, l'obstination, la rigidité, le fanatisme ou l'exaltation. Elle est caractérisée par la paix et la fidélité, la confiance et l'abandon. L'orgueil, et l'orgueil seul, est susceptible de découragement, alors que l'humilité est prête à accepter aussi bien la souffrance, si elle fait partie de la mission. Là où cette acceptation fait défaut il y a risque d'amertume. Or découragement et amertume sont à l'opposé de l'humilité.

*Ne pas se comparer.*

Chesterton a tout à fait raison de considérer l'humour comme le fondement naturel de l'humilité. Plus juste encore est la remarque incisive de Dag Hammarskjöld : « L'humilité s'oppose tout autant à l'abaissement qu'à l'exaltation de soi. Être humble, c'est ne pas faire de comparaison. » Se comparer, c'est au fond tourner autour de soi-même, c'est faire de l'autre un satellite de son moi, et surtout, ce qui est plus grave, c'est perdre Dieu de vue. Les humbles ne se posent pas en rivaux ; ils ne s'engagent pas dans la concurrence qui, comme chacun sait, repose sur de perpétuelle comparaisons entre soi et les autres. Les humbles sont des artisans de paix, non parce qu'ils minimisent les oppositions ou essayent à tout prix de se mettre au diapason des autres, mais parce qu'ils vivent en harmonie avec Dieu et tiennent de lui, leur Père, leur estime d'eux-mêmes. Cette attitude est source de *shalom* pour eux-mêmes et, à travers eux, pour les autres.

Dans la parabole que Jésus dit « à l'adresse de certains qui se flattaient d'être des justes et n'avaient que mépris pour les autres » (voir Lc 18, 9-14), le pharisien se compare au publicain. Dans cette comparaison, il se considère comme le meilleur ; mais, même si la comparaison n'avait pas tourné à son avantage, s'il s'était trouvé moins digne que le publicain, il n'en aurait pas été plus humble. Le publicain ne se compare pas du tout ; il se concentre sur Dieu, vers qui il n'ose même pas lever les yeux. Telle est l'humilité. Thérèse d'Avila nous en avertit sans ambages : se comparer est la mort de la vie spirituelle ; cela introduit de faux modèles, qui nous distraient, nous troublent et à la longue nous étouffent.

L'humilité n'a rien à voir avec la lâcheté ou le respect humain, ni avec une certaine timidité ou un manque d'assurance. Être humble, c'est encore moins aller droit son chemin sans se soucier d'autrui. La véritable humilité libère de la dépendance malsaine et délivre de la peur de l'opinion publique, tout en nous apportant une sensibilité vraie et le courage d'être nous-mêmes, justement parce qu'elle porte le regard sur Dieu et qu'elle perçoit sa gloire. Souvenons-nous de ce mot de saint Benoît qui, dans sa Règle, demande de traiter les autres « avec toute la douceur de la crainte de Dieu » (66, 4). C'est là que l'humilité vient puiser le courage de poursuivre la route qu'elle a reconnue, dans la lumière de Dieu, comme la bonne.

Le manque d'humilité a fait infiniment de mal dans les familles, dans les communautés, dans la pastorale. Il est à l'origine de mille conduites pusillanimes ou terriblement ambitieuses. Tout au long de la vie publique de Jésus, nous rencontrons parmi les disciples de navrants exemples de l'une ou l'autre de ces faiblesses. Pendant qu'on interroge Jésus et qu'on le tourne en dérision, Pierre, lui, victime de son trop grand respect humain, renie son maître, en disant aux serviteurs rassemblés autour du feu de bois : « Je ne le connais pas » (Lc 22, 57). Après la troisième annonce de la Passion, les fils de Zébédée, dans leur souci de faire carrière, s'approchent de Jésus pour lui adresser cette demande dépourvue de tact : qu'il leur assigne les premières places dans le Royaume à venir. Les Actes des Apôtres nous racontent nombre de ces défaillances, et dans toute l'histoire de l'Église elles ne cessent de se produire. On peut dire, avec indulgence, que ce genre de choses est humain, trop humain, et il y a une certaine sagesse à le voir ainsi ; mais l'Écriture nous propose une sagesse plus profonde, à savoir que Dieu travaille en dépit et au cœur même de nos défaillances : c'est de cette façon qu'il poursuit son œuvre créatrice. Il n'en reste pas moins que le manque d'humilité nuit à la crédibilité de l'Église ; qu'il est parfois cause de souffrances superflues, voire d'injustices criantes. Plus nous nous ouvrons à la gloire de Dieu, plus le règne de Dieu se réalise en ce monde. C'est sans nul doute à cette attitude que Jésus nous appelle, et lui-même nous en a donné l'exemple.

C'est un vieux franciscain qui nous dit avec éloquence ce qu'est la véritable humilité : tourner son regard vers Dieu au lieu de se regarder soi-même et entrer ainsi dans une vie nouvelle :

> Un confrère âgé, sage et bon, parfait et saint, nous disait un jour : « Si tu as senti l'appel de l'Esprit, sois saint, de toute ton âme, de tout ton cœur, et de toute ta force.
> Si pourtant, à cause de l'humaine faiblesse tu ne peux être saint, alors, sois parfait, de toute ton âme, de tout ton cœur et de toute ta force.
> « Mais si tu ne peux être parfait à cause de la vanité de ta vie, alors, sois bon, de toute ton âme, de tout ton cœur et de toute ta force.
> « Mais si tu ne peux être bon à cause des embûches du Mauvais, alors, sois sage, de toute ton âme, de tout ton cœur et de toute ta force.
> « Si, finalement, tu ne peux être ni saint, ni parfait, ni bon, ni sage, à cause du poids de tes péchés, alors apporte ce poids devant Dieu, et livre-toi à sa divine miséricorde.
> « Si tu fais cela sans amertume, en toute humilité, dans la joie de l'Esprit, parce que tu comptes sur la tendresse d'un Dieu qui aime les pécheurs et les ingrats, alors tu commenceras à pressentir ce que

c'est d'être sage, tu apprendras ce que c'est d'être bon, peu à peu tu aspireras à devenir parfait, et finalement tu désireras ardemment être saint.

« Si tu fais tout cela de toute ton âme, de tout ton cœur et de toute ta force, alors, je t'assure, mon frère, que tu suivras les traces de saint François et que tu ne seras pas loin du Royaume de Dieu [1]. »

*Nous avons vu sa gloire.*

Le message de l'Ancien Testament trouve son accomplissement et sa plénitude dans celui du Nouveau Testament ; et le cœur de ce message est qu'en Jésus la *kabod* devient visible. Oui, la gloire inaccessible de Dieu se fait accessible en Jésus, et en lui se révèle toute l'amabilité de Dieu. C'est ainsi que le Nouveau Testament identifie à plusieurs reprises Jésus au Serviteur de Yahvé des quatre chants du Deutéro-Isaïe : « Tu es mon serviteur... toi en qui je me glorifierai » (Is 49, 3). Il est intéressant de noter la manière dont ces passages sont transposés dans l'évangile de Jean. Après avoir cité deux textes d'Isaïe, l'évangéliste interprète : « Isaïe a dit cela, parce qu'il eut la vision de sa gloire et qu'il parla de lui » (Jn 12, 41). Or Isaïe avait vu la gloire de *Yahvé* siégeant sur son trône dans son temple céleste, alors que Jean, transposant le texte, dit en fait : Isaïe a vu la gloire de Jésus et c'est de Jésus qu'il parla.

Dans sa deuxième épître aux Corinthiens, lors d'une polémique avec ses anciens collègues, les pharisiens, saint Paul argumente de la même façon : seul le Christ, dit-il, enlève le voile qui couvre le visage de Moïse, figure de l'Ancien Testament (2 Co 3, 12-18).

La liturgie chrétienne recourt constamment à ce mode d'interprétation de l'Écriture ; par exemple, dans plusieurs fêtes, elle applique à Jésus le verset du Psaume : « Portes,

---

1. Leonardo BOFF, *François d'Assise. Force et Tendresse*, Éd. du Cerf, Paris, 1987.

levez vos frontons, élevez-vous, portails antiques, qu'il entre, le roi de gloire !» (Ps 24, 7.9), ou encore certains versets de l'Exode, originairement appliqués à la manne, seront repris et chantés à la vigile de Noël avec une légère modification : « Ce soir vous saurez que c'est Yahvé qui vous a fait sortir du pays d'Égypte et au matin vous verrez la gloire de Yahvé » (Ex 16, 6-7).

À la naissance de Jésus, la gloire de Dieu resplendit au-dessus des bergers (Lc 2, 9) et l'armée céleste chante le Nom du Nouveau-né, c'est-à-dire son identité : « Gloire à Dieu au plus haut des cieux, et paix sur terre aux hommes objets de sa complaisance !» (Lc 2, 14.) Jésus est « resplendissement de sa gloire, effigie de sa substance » (He 1, 3). Il est « l'Image du Dieu invisible » (Col 1, 15). Toute l'existence terrestre de Jésus est une épiphanie voilée. Tout comme la gloire de Dieu avait sa demeure parmi le peuple d'Israël dans la tente du témoignage, sous la nuée, la gloire de Dieu a planté sa tente parmi nous en la personne de Jésus, et « de sa plénitude nous avons tous reçu, et grâce pour grâce ». « Nul n'a jamais vu Dieu ; le Fils unique, qui est tourné vers le sein du Père, lui, l'a fait connaître » (Jn 1, 16.18). Par ses signes et ses miracles, Jésus manifeste chaque fois un peu plus cette gloire. D'une part, les signes ont pour but de nous conduire à la foi ; d'autre part, pour être vraiment compris ils présupposent la foi. « Si tu crois, tu verras la gloire de Dieu » (Jn 11, 40).

*Toucher Jésus.*

Dans l'évangile le plus ancien qui nous ait été transmis, Marc nous montre comment Jésus réagit lorsqu'on le touche. « Il disait : "Qui a touché mes vêtements ?" Ses disciples lui disaient : "Tu vois la foule qui te presse de tous côtés, et tu dis : Qui m'a touché ?" Et il regardait autour de lui pour voir celle qui avait fait cela » (5, 30-32). Apparemment, il y a une manière de toucher Jésus qui ne tire pas à conséquence, qui reste sans effet et c'est ainsi que bien des gens dans la foule le touchaient. Mais il y a, en revanche, un contact désiré qui est source de guérison ; tel est celui de la femme hémoroïsse, malade depuis douze ans, qui l'a cherché et trouvé. On peut donc toucher Dieu physiquement. L'inaccessible s'est fait proche, désormais il dépend de nous que notre contact avec lui soit authentique et source de salut.

Jésus a même été touché par des gens qui ne le reconnaissait pas. Certains d'entre eux ont « crucifié le Seigneur de la Gloire » (1 Co 2, 8). Or c'est précisément cette crucifixion qui est interprétée dans le Nouveau Testament comme la glorification de Jésus, puisqu'elle manifeste son amour « jusqu'à la fin ». C'est cet amour qui lui fait donner sa vie pour ses amis (Jn 13, 1 ; 15, 13). Aimer jusqu'à la fin, c'est s'anéantir jusqu'à mourir sur une croix. C'est là la glorification telle que Dieu l'entend. Ce n'est pas une carrière vers les sommets ; il ne s'agit pas de concourir pour la première place, d'être le plus rapide, le plus intelligent, le plus grand, le plus compétent, le plus efficient, ou de remporter le plus grand succès, mais c'est une carrière vers le bas où l'on accepte délibérément la dernière place. Quand Jésus parle de sa glorification, il veut dire son abaissement, son échec, sa mort sur une croix : « Ne fallait-il pas que le Christ endurât ces souffrances pour entrer dans sa gloire ? » (Lc 24, 26.) Dieu « a glorifié son serviteur Jésus que vous, vous avez livré et renié » (Ac 3, 13).

Nous avons le privilège de partager cette gloire : « Dieu vous appelle à son Royaume et à sa gloire » (1 Th 2, 12). « C'est à quoi il vous a appelés par notre Évangile, pour que vous entriez en possession de la gloire de notre Seigneur Jésus Christ » (2 Th 2, 14). « Le Dieu de toute grâce... vous a appelés à sa gloire éternelle, dans le Christ » (1 P 5, 10). D'après le beau texte de la deuxième épître aux Corinthiens, c'est par la contemplation de la vraie gloire incarnée en Jésus que nous serons transformés en son image, son icône. Cela prend toute sa signification du fait que, comme le rappelle l'épître aux Romains, le sens et la fin de notre vie, c'est précisément d'être conformés à l'image de Jésus (8, 29). « Et nous tous, qui le visage découvert, réfléchissons comme en un miroir la gloire du Seigneur, nous sommes transformés en cette même image, allant de gloire en gloire, comme de par le Seigneur, qui est Esprit » (2 Co 3, 18).

Cela signifie que nous aussi, nous sommes appelés à faire carrière vers le bas, pour correspondre à l'image et à la gloire de Jésus. Depuis le synode des évêques qui a eu lieu à Rome en 1971, c'est devenu un lieu commun de dire que la foi implique nécessairement la promotion de la justice et que la justice dans la Bible inclut un souci particulier des pauvres, des opprimés, des laissés-pour-compte, des handicapés. Jésus, durant sa vie, a vraiment et délibérément pris parti pour les faibles et les pauvres. En cela il est la fidèle image de Dieu qu'il appelle son Père, et qui, dans tout l'Ancien Testament, prend le parti des victimes de l'injustice : c'est un fil conducteur qui traverse tout l'Ancien Testament. Qui cherche la gloire de Dieu ne peut la trouver qu'en marchant vers ou avec les pauvres. C'est en eux que Dieu révèle sa gloire, et très particulièrement en son Fils qui est devenu l'un d'entre eux.

› SIXIÈME PARTIE

# LE MYSTÈRE PASCAL

# CHAPITRE XXI

# LA PASSION À LA LUMIÈRE DE LA RÉSURRECTION

Il y a plus d'un siècle, l'exégète allemand Martin Kähler lançait ce paradoxe provocant : l'évangile de Marc est l'histoire de la Passion, précédée d'une introduction détaillée. Si évangile veut dire « bonne nouvelle », nous sommes alors vraiment en présence d'un paradoxe. Ainsi la « grande joie » qu'annonce l'Évangile ne serait au fond que le récit d'une souffrance injuste, cruelle, entraînant la mort d'un innocent ! Vraiment, Martin Kähler exagère !

Oui, mais son exagération délibérée n'est pas dépourvue de sens. Il souligne en effet que la Passion est le cœur de l'évangile de Marc, les autres chapitres ne faisant qu'y conduire. Les trente ans de la vie cachée de Jésus ne sont nullement mentionnés chez Marc ; Luc et Matthieu ne leur consacrent que quelques pages. La vie publique de Jésus est racontée avec plus de détails, mais quand on arrive à la Passion, le rythme du récit ralentit considérablement. Les quatre évangiles en font un compte rendu heure par heure. Nul doute que c'est à cet événement que les évangélistes apportent toute leur attention.

L'assertion de Kähler se voit confirmer par les symboles de la foi de l'Église. Là aussi, cela va de soi, Jésus occupe la place centrale. Mais entre sa naissance et sa Passion, il n'y a rien qui semble mériter d'être retenu. Pas la moindre mention de ses paraboles, de ses miracles, de ses discours ou de ses controverses, de ses rencontres avec le peuple ou encore de son ministère. De sa nativité on passe immédiatement à sa Passion et à sa mort. C'est manifestement cet événement qui est au cœur de notre foi. Le symbole de Nicée dit au sujet de Jésus : « Par l'Esprit-Saint il prit chair de la Vierge Marie et s'est fait homme. Crucifié pour nous sous Ponce Pilate, il souffrit sa passion et fut mis au tombeau. » Dans le symbole des Apôtres, l'omission est même relativement plus marquée encore : « Il a été conçu du Saint-Esprit, est né de la Vierge Marie, a souffert sous Ponce Pilate, est mort et a été enseveli. Il est descendu aux enfers. » Dans les mystères du Rosaire nous retrouvons le même modèle : on passe des mystères joyeux aux mystères douloureux, sans aucune allusion à ce qui s'est passé entre les deux.

Bien des textes du Nouveau Testament soulignent que la Passion de Jésus est le centre de notre foi en lui. C'est le don et la révélation suprême que Dieu nous fait de lui-même. Saint Paul écrit : « [Dieu], qui n'a pas épargné son propre Fils mais l'a livré pour nous tous, comment avec lui ne nous accordera-t-il pas toute sa faveur ? » (Rm 8, 32.) Dans l'évangile de Jean nous trouvons ce texte très révélateur où Jésus dit aux juifs : « Quand vous aurez élevé le Fils de l'homme, alors vous saurez que Je Suis » (Jn 8, 28). Jésus revendique pour lui le Nom très saint « Je Suis ». C'était une prétention inouïe dans un milieu où ce Nom ne devait pas être prononcé par des lèvres humaines. Jésus rattache cette revendication à sa mort sur la croix ; c'est là justement que son unité avec Yahvé sera manifeste. Ce seul verset embrasse l'annonce de son anéantissement et de sa mort sur la croix comme un esclave, ainsi que la plus sublime conscience de ce qu'il est, l'égal de Yahvé.

Quelle que soit la part de vérité que renferme le paradoxe de Kähler, l'exégète moderne ne saurait s'en satisfaire sans y ajouter un complément essentiel. Nous pouvons certes dire que l'Évangile est principalement l'histoire de la Passion, mais il nous faut alors nécessairement préciser : vue dans la lumière de la Résurrection. La plus importante contribution de l'étude biblique contemporaine à notre compréhension des évangiles semble bien être d'avoir mis en lumière que chaque page de l'Évangile est écrite dans la certitude de la résurrection de Jésus. C'est justement cette conviction fondamentale, répandue dans tout l'Évangile, qui fait de ce livre la « Bonne Nouvelle ».

Quelques exemples nous aideront à clarifier cette importante notion. Les pharisiens auraient pu faire de la Passion un récit bien plus circonstancié que ne l'ont fait les évangélistes. C'était eux, après tout, qui cherchaient à supprimer Jésus et qui avaient même acheté un de ses disciples pour arriver à leurs fins. Ils ont exécuté leur plan avec soin et se sont réjouis de leur succès ; ils auraient donc pu nous fournir bien des détails qui échappent à notre connaissance. Toutefois, quel que soit le soin qu'ils y apporteraient, la profusion des détails et des renseignements qu'ils nous fourniraient, leur récit ne serait jamais un évangile, car l'absence de foi en la résurrection en fausserait la perspective.

Il n'est pas difficile d'imaginer des exemples analogues. On pourrait aborder le récit de l'Évangile avec la noblesse de sentiments d'un véritable humaniste, et s'indigner de cette flagrante violation des droits de l'homme dont Jésus fut la victime, éventuellement en saisir Amnesty International. Mais si la foi en la résurrection fait défaut, nous n'avons pas affaire à l'Évangile.

Dans la mesure où les disciples ont été réellement les témoins de certaines stations de la Passion, ils ne les ont pas vécues alors en tant qu'Évangile. Bien au contraire, ils ressentaient seulement une profonde déception ; leur dernier espoir était anéanti. Ils n'attendaient pas la résurrection et par suite n'ont pas perçu la moindre trace de Bonne Nouvelle dans ce drame.

C'est le centurion romain chargé de la crucifixion qui approcha le plus près du vrai sens de l'Évangile. Pilate l'avait choisi pour la délicate mission d'exécuter la sentence de mort prononcée contre ce très controversé rabbi de Nazareth. Jérusalem était bondée de pèlerins venus pour la Pâque, et la condamnation de Jésus dans cette atmosphère tendue aurait bien pu être l'étincelle qui mît le feu aux poudres. Pilate fit comprendre à ce fidèle officier qu'il ne voulait pas le moindre désordre. Le centurion, à cheval, contrôlait l'opération, la menant à bien sans le moindre accroc. Quand sa mission fut accomplie, cet homme à qui, vu sa charge, nul détail de l'affaire n'avait échappé, s'écria : « Vraiment, cet homme était fils de Dieu ! » (Mc 15, 39.) Nous pourrions traduire : De toute ma carrière dans l'armée, je n'ai jamais vu une telle crucifixion. Cet homme était extraordinaire. J'ai senti une vraie sainteté en lui, il était tout près de Dieu. L'officier romain a vu dans la crucifixion un rayon de l'au-delà. Il n'a certainement pas professé la totalité de la foi chrétienne, et l'expression qu'il utilise, « le fils de Dieu » n'a pas pour lui la plénitude de sens que la théologie lui découvrira progressivement ; néanmoins il a reconnu en cet homme quelque chose qui transcende l'ordinaire.

Le chrétien est celui qui voit l'horreur de la crucifixion dans la lumière éclatante de la résurrection. Au moment où les évangélistes ont rédigé leur évangile, ils voyaient plus clairement le mystère qu'au moment où la Passion se déroulait en réalité, et c'est précisément ce « plus » qui fait l'inspiration biblique. La racine du mot « inspiration » est *spiritus*, l'esprit. Le Saint-Esprit leur faisait voir tous les événements à partir de la foi en la résurrection, et cette certitude leur donnait une perspective nouvelle. Lorsque l'Église primitive a commencé à lire les événements historiques de la vie de Jésus dans la lumière du Seigneur ressuscité, les yeux des croyants se sont ouverts à des découvertes surprenantes. C'est ainsi que les évangiles se sont développés. Le charisme des évangélistes et, à travers eux, celui de tout chrétien, c'est de faire voir le rayonnement de la lumière de Pâques dans la souffrance de Jésus et de ses disciples. L'évangile de Jean tout spécialement présente la Passion de telle sorte que la gloire de Jésus ressuscité imprègne tout le récit et, par moments, jaillit dans toute son éblouissante clarté.

La résurrection est l'autre face de la Passion. C'est en quelque sorte son antithèse dialectique. Une souffrance inouïe se change en une joie et une gloire immenses, et trouve là son accomplissement. Mais, surtout, que de la Passion à la résurrection il y a continuité, c'est ce que les textes inspirés s'efforcent de nous montrer. Cette continuité réside dans la gloire de l'amour qui unit le Père et le Fils. Cet amour a été la force qui soutenait Jésus dans les heures cruelles de sa souffrance physique et spirituelle. À la résurrection, ce même amour se révèle dans l'éclat de sa splendeur. La résurrection est la manifestation sans voile de la force qui était cachée jusque-là. La résurrection ne supprime pas la croix, elle en est l'extrême révélation. On pourrait dire que si, dans la Passion, on voit davantage la fidélité du Fils envers son Père, dans la résurrection, c'est celle du Père envers son Fils qui se rend plus manifeste. Mais cela ne doit pas nous faire oublier que les deux sont un, ni que l'amour réciproque du Père et du Fils en l'Esprit-Saint est une seule réalité avec l'amour que le Dieu trine a pour le monde.

La mort de Jésus sur la croix pourrait nous faire croire que le Père s'est éloigné de son Fils : « Mon Dieu, mon Dieu, pourquoi m'as-tu abandonné ? » (Mc 15, 34 ; Ps 22, 1.) Or la résurrection montre que le Père assistait son Fils avec une fidélité qui surpasse nos possibilités humaines et même nos plus audacieuses imaginations : dans la mort et au-delà de la mort. La résurrection est la révélation de l'amour éternel et inaltérable du Père et du Fils qui s'accomplit dans le don commun de l'Esprit-Saint répandu dans nos cœurs, don qui est l'achèvement du mystère pascal (voir Rm 5, 5).

Le mystère pascal réside dans l'unité indissoluble de la mort et de la résurrection de Jésus ; il constitue le cœur de la foi chrétienne. La mort et la résurrection de Jésus sont comme les deux extrémités d'un tunnel. Un tunnel a toujours deux issues, sinon il ne serait qu'un trou dans la terre, et les deux issues doivent être reliées, sinon il n'y aurait que deux trous. Du côté de la Passion, nous percevons déjà quelques éclairs de la lumière de Pâques et du côté de la résurrection nous continuons de voir la silhouette de la croix à l'autre bout du tunnel, tout comme le Ressuscité porte à jamais les marques des clous sur son corps glorifié. C'est de cette façon et de cette façon seulement que le mystère pascal est consolant. « Certes, il a été crucifié en raison de sa faiblesse, mais il est vivant par la puissance de Dieu. Et nous aussi, nous sommes faibles en lui, bien sûr, mais nous vivrons avec lui, par la puissance de Dieu » (2 Co 13, 4). « [Mon désir est de] le connaître, lui, avec la puissance de sa résurrection et la communion à ses souffrances... » (Ph 3, 10.)

C'est à ce mystère pascal que Jésus faisait allusion lorsqu'il disait : « Quand vous aurez élevé le Fils de l'homme, alors vous saurez que Je Suis... » (Jn 8, 28.) Au XX$^e$ siècle, deux femmes juives d'une intelligence supérieure confirment d'une manière frappante ce verset si fort : elles sont venues l'une et l'autre à la foi catholique, précisément par le mystère de la Croix. L'une d'elles est la bienheureuse Edith Stein († 1942). Étudiante à Göttingen, en Allemagne, elle se déclarait athée, jusqu'à la mort en 1917 de son professeur très estimé Adolf Reinach, qui tomba sur le front belge lors de la Première Guerre mondiale. La visite de condoléances qu'elle fit à sa veuve marqua un tournant dans sa vie : « C'était ma première rencontre avec la croix et avec la force divine qu'elle donne à ceux qui la portent. À ce moment mon incroyance s'effondra et le Christ m'illumina, le Christ dans le mystère de sa croix. » Ce ne fut pas seulement une expérience momentanée. Elle façonna la reste de sa vie, au point qu'à son entrée au Carmel elle choisit le nom de sœur Theresa Benedicta a cruce, Thérèse bénie par la croix.

L'autre femme est Simone Weil († 1943). Elle s'identifia d'une manière inouïe aux souffrances des victimes de la guerre civile d'Espagne et de la Seconde Guerre mondiale, surtout de ses frères et sœurs de race sous la terreur nazie. Elle fut aussi frappée par le lien profond que la grâce lui donnait de percevoir entre le martyre que vivaient ces gens et celui de Jésus en croix. C'est ce qui l'amena à la foi chrétienne. Elle refusait le baptême, dans un sentiment de solidarité avec son peuple torturé. Ce n'est que peu avant sa mort qu'elle demanda à une amie de la baptiser[1]. Elle eut ainsi part, dans le sacrement, à la mort et à la résurrection de Jésus.

*Vivre le mystère pascal.*

Le mystère pascal est une vérité dogmatique de la plus haute importance ; si Jésus n'était pas ressuscité nous ne serions pas sauvés. La liturgie de Pâques répète inlassablement que le même Jésus qui fut pendu à la croix est aussi celui qui s'est relevé du tombeau. Séparer la croix de la résurrection, c'est détruire le mystère central de notre foi.

Le mystère pascal est aussi d'une très grande importance pour la vie concrète. Qui croit en ce mystère vit autrement : sa vie quotidienne est transformée. Nous apprenons à ne pas gaspiller la souffrance puisque, unie à la Passion de Jésus, elle peut porter du fruit en abondance. Il est très significatif que, dans nombre de nos langues, la souffrance soit communément appelée « croix ». Cette manière de parler traduit l'expérience de beaucoup de générations chrétiennes qui ont senti l'affinité existant entre nos souffrances et la souffrance de Jésus. Jésus ne nous propose pas le moyen d'éviter les épreuves de la vie, il ne nous offre pas non plus d'explications qui permettraient d'en comprendre la signification, mais il vient lui-même remplir nos souffrances de sa présence. Il ne nous laisse pas seuls dans notre misère, mais il reste près de nous, lui qui a fait l'expérience d'une si profonde détresse. Il nous montre que nous pouvons unir nos souffrances aux siennes et les faire ainsi déboucher, avec sa Passion, dans la gloire de sa résurrection. Ce que nous ressentons instinctivement comme absurde — et à juste titre, car en soi c'est effectivement

---

[1]. Jusqu'en 1990, ce baptême était ignoré sauf de l'amie qui lui administra le sacrement. Elle révéla par la suite son secret. Voir Jürgen KUHLMANN, « Gültig getauft. Neues über Simone Weil », dans *Geist und Leben*, 63, 1990, p. 39-42.

absurde — peut devenir fécond grâce au mystère pascal. Cette attitude nous garde de l'apitoiement sur nous-mêmes et de l'amertume. Cela fait une énorme différence.

Une souffrance que nous ne pouvons accepter de tout notre cœur et intégrer dans notre vie a des conséquences négatives. Cette souffrance peut prendre bien des visages : problèmes de santé, dépendances de toutes sortes, échecs professionnels, mises à l'écart justifiées ou injustifiées, trahison de la part de ceux dont on l'attendait le moins, absence continuelle d'encouragement et de reconnaissance, frustrations dues à une formation intellectuelle insuffisante, notre manque de maturité et nos ombres que nous découvrons peu à peu, notre médiocrité spirituelle, une longue sécheresse dans notre prière, notre culpabilité vraie ou imaginaire, etc. Dans un moment difficile, ces souffrances refusées peuvent facilement nous amener à rechercher des compensations superficielles ou à commettre des manquements à nos plus précieux engagements. Une offense qu'on n'a pas pu pardonner ou dont on a refoulé la douleur peut nous entraîner à blesser les autres à notre tour, et il se peut même que nous n'en soyons pas conscients.

Les expériences négatives que nous n'acceptons pas nous enferment dans un cercle vicieux, celui d'une négativité croissante. Cela arrive aussi bien dans le mariage que dans la vie religieuse, la vie sacerdotale ou le célibat. Ce négativisme étouffe notre amour, sape notre générosité ainsi que notre ministère, ébranle notre fidélité et notre honnêteté, nous enferme dans la mesquinerie et la superficialité. La croix de Jésus, perçue dans son unité avec la résurrection, nous donne au contraire une grande force pour accepter ce que nous ne pouvons éluder, l'unir aux souffrances de Jésus et par là le rendre fécond.

Si nous vivons vraiment notre foi dans toute la plénitude du mystère pascal, nous y trouverons consolation pour nous-mêmes et pour d'autres. La foi chrétienne est toujours apostolique. Le réconfort que nous offrons aux autres doit être profond, authentique, enraciné dans le mystère. Le philosophe alsacien Charles Pfleger a choisi comme titre pour un de ses

*LE MYSTÈRE PASCAL* 185

livres : *Seul le mystère console*. C'est ce que saint Paul pense lui aussi : « Béni soit le Dieu et Père de notre Seigneur Jésus Christ, le Père des miséricordes et le Dieu de toute consolation, qui nous console dans toute notre tribulation, afin que, par la consolation que nous-mêmes recevons de Dieu, nous puissions consoler les autres en quelque tribulation que ce soit » (2 Co 1, 3-4).

# CHAPITRE XXII

# TRACES DE LA GLOIRE DANS LA PASSION

C'est dans l'évangile de saint Jean que les deux côtés du mystère pascal sont le plus étroitement reliés. Parmi les évangélistes, c'est l'aigle qui a médité le plus longuement ce mystère. Alors que les synoptiques présentent la transfiguration au Tabor et l'agonie à Gethsémani comme deux événements distincts, le quatrième évangile mêle ces deux expériences (Jn 12, 20-33). Nous y lisons : « Maintenant mon âme est troublée. Et que dire ? Père, sauve-moi de cette heure ! Mais c'est pour cela que je suis arrivé à cette heure. Père, glorifie ton Nom ! » (V. 27-28.) Ces mots nous rappellent l'agonie au jardin des Oliviers, que nous ne trouvons dans l'évangile de Jean que dans cette allusion. Dans le même passage, nous lisons aussi : « Voici venue l'heure où doit être glorifié le Fils de l'homme... Du ciel vint alors une voix : "Je l'ai glorifié et de nouveau je le glorifierai." La foule qui se tenait là et qui avait entendu, disait qu'il y avait eu un coup de tonnerre ; d'autres disaient : "Un ange lui a parlé" » (v. 23.28-29). Il y a là quelques légères ressemblances avec la transfiguration dont, encore une fois, le récit explicite manque dans le quatrième évangile.

Ainsi l'évangile de Jean unit déjà en une expérience unique et saisissante ces deux épisodes que les trois synoptiques rattachent clairement l'un à la Passion, l'autre à la résurrection de Jésus.

Le texte commence par la requête de quelques Grecs : « Nous voulons voir Jésus » et se termine par la déclaration de Jésus : « Moi, une fois élevé de terre, j'attirerai tous les hommes à moi. » Dans ce verset final, la crucifixion (Jean ne laisse aucun doute sur le sens de « élevé de terre ») est présentée comme une glorieuse apothéose. Oui, le Crucifié a attiré à lui beaucoup d'êtres humains, qui ont reconnu leur Sauveur en ce supplicié mourant sur la croix. Ce verset final est aussi la réponse aux Grecs qui voulaient « voir » Jésus : ils le verront, lorsqu'il sera « élevé de terre ». Ils devront attendre sept chapitres pour que leur demande soit exaucée. Quand Jésus meurt sur la croix, alors on peut le voir, dans le sens où l'entend saint Jean, pour qui « voir » signifie connaître et reconnaître Jésus comme le Fils unique envoyé par le Père : « Ils regarderont celui qu'ils ont transpercé » (Jn 19, 37). Nous aussi nous pouvons le regarder en croix, comme l'ont fait les Grecs, et nous laisser attirer par la puissance de son amour, un amour qui nous a vraiment aimés jusqu'à la fin.

Dans le récit de la Passion de Jésus, Jean adopte indubitablement un style très personnel : il parvient à laisser transparaître la gloire dans la Passion même. Un exemple frappant nous en est donné dès le début. Le quatrième évangile ne rapportant pas l'agonie de Jésus à Gethsémani, le récit de la Passion commence d'emblée avec son arrestation (18, 1-11). Mais il faut voir comment ! L'arrestation devient en effet une victoire éclatante de Jésus sur ses ennemis. D'abord Jésus, malgré la situation critique, va en connaissance de cause passer la nuit en un endroit où il avait l'habitude de se réunir avec ses disciples. S'il avait voulu échapper à sa Passion, il aurait choisi un autre lieu où il eut été moins facile de le trouver. Mais Jésus ne cherche en aucune façon à éviter les conséquences douloureuses de sa mission : « C'est pour cela que le Père m'aime, parce que je donne ma vie, pour la reprendre. Personne ne me l'enlève ; mais je la donne de moi-même. J'ai pouvoir de la donner et j'ai pouvoir de la reprendre ; tel est le commandement que j'ai reçu de mon Père » (Jn 10, 17-18). Alors s'approchent la cohorte et les gardes avec des lanternes et des flambeaux pour chercher Jésus. Nous nous souvenons que, dans l'évangile de Jean, Jésus est souvent appelé « lumière du monde ». Ô dérision ! La cohorte agit comme quelqu'un qui voudrait, avec une lampe de poche, se mettre à la recherche du soleil qui brille de tout son éclat.

Jean mentionne explicitement que Jésus savait tout ce qui allait lui arriver. Il n'attend pas en tremblant que ses persécuteurs le cernent, mais il s'avance vers eux de lui-même. Ce faisant, il leur adresse deux fois la question centrale de l'évangile johannique : « Qui cherchez-vous ? » (voir Jn 1, 38 ; 20, 15). Le point culminant de cette scène, c'est le « C'est moi » que Jésus répète deux fois également, s'identifiant par là avec Yahvé et réaffirmant son unité avec le Dieu ineffable. Ce qui souligne le caractère solennel de ce « C'est moi », c'est que Jean décrit les soldats reculant et tombant à terre. C'est comme s'ils se prosternaient devant Jésus avant de l'arrêter. Quel prisonnier sublime ! Alors qu'il est lui-même en danger de mort, sa seule préoccupation est le sort de ses disciples. Jusqu'au bout il reste le bon Berger : « Si donc c'est moi que vous cherchez, laissez ceux-là s'en aller. » Mais il ne protège pas seulement les siens, il défend aussi le serviteur du grand prêtre, Malchus, contre la fougue intempestive de Pierre. Loin de nous présenter un Jésus pitoyable, une lamentable victime, le récit de l'arrestation nous le montre glorieux dans sa Passion même.

Si Jean est incontestablement l'évangéliste qui met le plus en lumière la gloire au cœur de la Passion, cet aspect n'est pas pour autant absent des synoptiques ; méditons un passage de saint Matthieu et un autre de saint Luc, pour y goûter comment chacun à sa manière nous fait voir la lumière de la résurrection rayonnant sur la Passion de Jésus.

Dans l'évangile de Matthieu, Jésus, aussitôt après son arrestation, est conduit devant le Sanhédrin qui s'est réuni sous la présidence du grand prêtre Caïphe (26, 59-68). Beaucoup de faux témoins se présentaient, mais « Jésus se taisait ». Se taire, lorsqu'on est ainsi faussement accusé, témoigne d'une grande force intérieure. Alors l'autorité officielle, le grand prêtre, se lève pour faire décliner à Jésus son identité, sous le sceau du serment devant le Dieu Vivant : « Je t'adjure... de nous dire si tu es le Christ, le Fils de Dieu. » La réponse de Jésus est un sommet de majestueuse conscience de soi et de courage tranquille. Il se réfère à deux passages de l'Ancien Testament, recourant ainsi au langage même des anciens, des grands prêtres et des scribes qui composaient le Sanhédrin. Ils étaient en effet des familiers de l'Écriture ; ils en connaissaient le moindre point et le moindre *iota* et émaillaient leurs discours de citations scripturaires. La première citation que propose Jésus est tirée du prophète Daniel (7, 9-14). Elle vient vraiment bien à propos, puisque c'est la vision d'un tribunal que Dieu préside et où il se prononce sur quelqu'un qui est « comme un Fils d'homme » et qu'on vient de lui amener. Or la sentence est stupéfiante, diamétralement opposée au verdict de culpabilité que le Sanhédrin a l'intention de rendre :

> Tandis que je contemplais :
> Des trônes furent placés
> et un Ancien s'assit.
> Son vêtement, blanc comme la neige ;
> les cheveux de sa tête, purs comme la laine.
> Son trône était flammes de feu, aux roues de feu ardent...
> Le tribunal était assis, les livres étaient ouverts...
> Je contemplais, dans les visions de la nuit :
> Voici, venant sur les nuées du ciel,
> comme un Fils d'homme.
> Il s'avança jusqu'à l'Ancien
> et fut conduit en sa présence.
> À lui fut conféré empire,
> honneur et royaume,
> et tous peuples, nations et langues le servirent. Son empire est
> un empire éternel qui ne passera point,
>     et son royaume ne sera point détruit.

À ce texte la réponse de Jésus mêle le début du Psaume

110 : « Oracle de Yahvé à mon Seigneur : "Siège à ma droite, tant que j'aie fait de tes ennemis l'escabeau de mes pieds." » Le message ne saurait être plus clair. Il donne une majestueuse gravité à cette séance d'un tribunal hostile, dont la sentence de mort est décidée d'avance.

Le Sanhédrin a très bien compris ce que voulait dire Jésus. Il répond à cette sublime conscience de son identité par de mauvais traitements : « Alors ils lui crachèrent au visage et le giflèrent ; d'autres lui donnèrent des coups en disant : "Fais le prophète, Christ, dis-nous qui t'a frappé." » Il est rare qu'une conscience de soi aussi royale côtoie une telle grossièreté de la part de chefs officiels. Nous sommes précipités de l'un des sommets de l'Évangile dans un abîme de bassesse. La gloire de Jésus, loin au-dessus de tout cela, n'en est que plus manifeste.

Le chemin de croix de saint Luc présente plusieurs épisodes où la majesté de Jésus éclate au cœur de son humiliation (23, 27-43). La première fois, c'est lors de sa rencontre avec les femmes qui pleurent et se lamentent sur lui. Nous savons tous combien la douleur physique peut nous enfermer en nous-mêmes, jusqu'à l'obsession. Nous sommes alors tentés de parler indéfiniment de ce que nous éprouvons, si nous trouvons des auditeurs bien disposés. L'injustice, quand elle nous atteint, nous tourmente davantage encore, nous ne cessons d'y penser et ne pouvons nous y soustraire. Certaines personnes peuvent raconter ce genre d'expérience des années après l'avoir vécue et avec une telle violence de sentiments qu'on pourrait croire que l'événement date de la veille. Après la flagellation, Jésus dut porter sa croix, ce qui ne manqua pas de lui causer de grandes douleurs. Quant à la sentence qui le frappait, elle était foncièrement injuste, résultant d'intrigues malhonnêtes. Ainsi Jésus supportait un poids inouï de souffrances physiques et morales. Pourtant, lorsque les femmes de Jérusalem viennent se lamenter sur lui, il détourne leur attention de sa propre personne, il leur demande de la porter sur elles-mêmes et leurs enfants. Au milieu des tourments, il reste l'amour totalement donné ; en lui il n'y a pas l'ombre d'un quelconque égocentrisme.

Il ne manifeste pas d'amertume, pas d'apitoiement sur lui-même, pas de désir de vengeance, lorsque les bourreaux le clouent sur la croix. Il dit au contraire : « Père, pardonne-leur : ils ne savent ce qu'ils font. » En cette prière éclate toute la noblesse d'âme de Jésus. C'est la gloire de la Passion.

Les deux larrons crucifiés avec Jésus ont sous les yeux la même scène que lui : une scène de haine, de fanatisme de cruauté impitoyable. Ils entendent la prière pleine de miséricorde que formule Jésus. Face à cela leurs réactions sont diamétralement opposées. L'un des larrons se moque de Jésus, tandis que l'autre le prie de se souvenir de lui quand il viendra dans son Royaume. La réponse de Jésus est pleine de majesté : « En vérité, je te le dis, dès aujourd'hui tu seras avec moi dans le Paradis. » Jésus mourant a encore le pouvoir de déterminer notre destin éternel. Là encore transparaît un rayon de la gloire du Crucifié.

Il y a bien d'autres exemples de cette splendeur qui rayonne des profondeurs de la Passion. La gloire ne rend pas les souffrances moins pénibles, mais elle nous aide à méditer la Passion dans la juste perspective : en ne perdant jamais de vue l'unité fondamentale et indissoluble qui existe entre les deux aspects du mystère pascal. Nous ne contemplons pas seulement la Passion, mais le mystère pascal dont la Passion constitue une partie essentielle.

# CHAPITRE XXIII

# TRACES DE LA PASSION DANS LA GLOIRE

Si l'on considère le mystère pascal du côté de la résurrection, on s'aperçoit que les traces de la Passion et de la mort ne sont pas effacées dans l'éternité, mais demeurent visibles à jamais. Le Ressuscité porte pour toujours la marque des clous et la cicatrice au côté, dans son corps glorifié. Ce sont les insignes de sa dignité, les emblèmes de son amour « jusqu'à la fin ». Ces traces étincellent comme des pierres précieuses. L'Apocalypse traduit ce même paradoxe par l'image de l'Agneau « comme égorgé », portant la marque du sacrifice, mais pourtant debout.

Dans la plupart des apparitions de Jésus au cours des quarante jours après Pâques, les stigmates de la Passion sont nettement visibles pour les disciples. Le lien entre la mort et la résurrection est toujours au centre de la rencontre bénie où le Ressuscité console ses disciples abattus et leur apporte ainsi la guérison. Deux apparitions le montrent avec évidence : celle aux pèlerins d'Emmaüs et celle à Thomas en présence des autres disciples. L'une et l'autre présentent le même modèle. Lorsque nous les méditons, plaçons-nous à la sortie de notre tunnel côté Pâques, et dans cette claire et joyeuse lumière, considérons, à travers le tunnel, le profil de la croix. Puissions-nous en retirer assez de consolation pour pouvoir la partager avec les autres (voir 2 Co 1, 3-4).

*Guéris de leur abattement.*

Pour donner tout son prix au message de Luc, il nous faut replacer le récit de la rencontre d'Emmaüs (Lc 24, 13-35) dans la perspective d'ensemble de son évangile, en incluant même les Actes des Apôtres. Comme on le sait, le troisième évangile est conçu comme une longue montée à Jérusalem, les Actes des Apôtres partant ensuite de Jérusalem pour s'étendre en passant par la Judée et la Samarie jusqu'aux extrémités de la terre. Jérusalem est donc la plaque tournante. Dans l'évangile, elle est la ville où s'accomplit le destin de Jésus : « Or il advint, comme s'accomplissait le temps où il devait être enlevé, qu'il prit résolument le chemin de Jérusalem et envoya des messagers en avant de lui » (Lc 9, 51-52). Dans les Actes, elle est le point de départ de la mission universelle. L'Évangile est centripète, les Actes sont centrifuges.

On notera également que Marie est présente au début des deux livres, dans l'un comme mère de Jésus et dans l'autre comme mère de l'Église. On lit ainsi chez Luc (1, 35) : « L'ange lui répondit : "L'Esprit Saint viendra sur toi et la puissance du Très-Haut te prendra sous son ombre ; c'est pourquoi l'être saint qui naîtra sera appelé Fils de Dieu." » Tandis que les Actes nous rapportent que, dans l'attente de l'effusion de l'Esprit et de la naissance de l'Église, « tous, d'un même cœur, étaient assidus à la prière avec quelques femmes, dont Marie mère de Jésus, et avec ses frères » (1, 14). Jérusalem est le haut lieu où se produit cela, cela étant le mystère pascal, qui reçoit son plein épanouissement dans la Pentecôte : « Demeurez dans la ville, jusqu'à ce que vous soyez revêtus de la force d'en haut » (Lc 24, 49). Toutefois, si l'on y regarde de plus près, on s'aperçoit que le chemin de Jésus se termine en réalité un peu hors de la ville, et plus précisément entre les mains de son Père. « Jetant un grand cri, Jésus dit : "Père, je remets mon esprit entre tes mains" et ayant dit cela, il expira » (Lc 23, 46).

Ce que Jean dans son évangile appelle « l'heure » est à peu près l'équivalent de la ville dans la topographie de Luc. Pour ce dernier, Jérusalem représente l'Église, qui est née à Pâques et en qui le mystère pascal continue de vivre au milieu de nous tous : « Faites ceci en mémoire de moi. »

Ces remarques préliminaires devraient suffire pour nous donner l'arrière-plan nécessaire à une méditation fructueuse sur la rencontre d'Emmaüs. Deux disciples étaient en chemin, se rendant de Jérusalem à Emmaüs. C'était *avant* l'accomplissement du mystère pascal (voir Lc 24, 49). Les deux pèlerins se trouvent donc sur la mauvaise piste, ou plutôt, ils sont sur la bonne voie, mais ils la prennent dans la mauvaise direction. Alors que le mouvement de l'Évangile monte encore vers Jérusalem, eux quittent la ville en sens inverse. Ils se sont trompés, égarés. Certains exégètes disent qu'ils ne sont pas seulement des brebis perdues, mais des pasteurs égarés.

Le grand Pasteur s'en va à leur recherche. Au jour glorieux de sa résurrection, le héros de la fête ne va pas se montrer à la foule dans les grands rassemblements, mais, tranquillement, il prend le temps de venir en aide à deux hommes qui ont bien besoin de lui. C'est bien la manière de faire du bon Berger qui, ayant cent brebis, en laisse quatre-vingt-dix-neuf dans le désert pour courir après celle qui s'est perdue jusqu'à ce qu'il l'ait retrouvée. C'est la manière du Ciel, où l'on a plus de joie pour un pécheur qui se repent que pour quatre-vingt-dix-neuf justes qui n'ont pas besoin de repentance (voir Lc 15, 4.7). « Je t'ai appelé par ton nom : tu es à moi... tu comptes beaucoup à mes yeux, tu as du prix et je t'aime » (Is 43, 1.4). Cela est vrai pour chacun de nous !

Le bon Pasteur va chercher ses ouailles au point où elles se trouvent. Ces deux hommes sont dans la tristesse, ils en sont restés à la Passion ; ils n'ont pas encore dépassé la croix. Ils n'ont d'ailleurs pas avancé du tout, et même, maintenant, ils font marche arrière ! La déception du Calvaire a arrêté leur croissance. Depuis que leurs grandes espérances ont été anéanties, ils n'ont plus grandi spirituellement.

Ils avaient cru en Jésus. Ils s'étaient généreusement donnés à lui et étaient devenus ses disciples. Ils avaient tout laissé pour l'amour de leur maître, répondant ainsi à son exigence : « Quiconque parmi vous ne renonce pas à tous ses biens ne peut être mon disciple » (Lc 14, 33). Les deux hommes pensaient avoir vraiment répondu à l'appel de Jésus. Ils l'avaient reconnu pour le Messie ; ils avaient été captivés par la venue du Royaume en Jésus : les captifs allaient être libérés, les aveugles recouvrer la vue, comme Jésus l'avait annoncé dans la synagogue de Nazareth. Oui, ils attendaient tout de lui, la réalisation de toutes les promesses des prophètes.

Avec la Passion de Jésus, leur monde s'est écroulé. Ils sont déçus, brisés. Leur erreur n'était pas tant leur grande espérance que la manière dont ils se représentaient sa réalisation. Pourtant, Jésus leur avait annoncé sans équivoque qu'il lui faudrait d'abord souffrir, les prophètes l'avaient dit, et particulièrement les « chants du Serviteur », cet abrégé de la mission de Jésus. Mais ils n'avaient rien entendu, ou bien, ils avaient entendu, mais s'étaient empressés de refouler cet enseignement. Ces disciples avaient nourri des projets ambitieux et grandioses pour le Royaume. Il n'y avait pas de mal à cela, mais dans ces projets la croix n'avait pas sa place. C'était là une omission fatale.

Aussi, quand sonna l'heure de la croix, n'étaient-ils pas du tout préparés. Leur foi s'effondra et ils abandonnèrent la partie. Ainsi, la souffrance peut devenir pour nous une entrave, et même une cause d'infidélité, si nous ne parvenons pas à l'intégrer dans notre relation à Jésus. Elle peut aussi nous mener à approfondir notre foi et notre don de nous-mêmes, à condition du moins que nous sachions lui donner sa juste place dans notre union avec le Christ. Dans ce cas, « avec ceux qui l'aiment, Dieu collabore en tout pour leur bien » (Rm 8, 28), comme saint Paul a l'audace de le dire. Si nous pouvons tout porter devant Dieu, nous ne perdrons rien à vivre l'Évangile.

Par ailleurs, si nous ne les partageons pas avec Jésus, les

souffrances et les déceptions mènent facilement à l'abattement, à l'apitoiement sur soi, à l'amertume et à l'infidélité. Car si nous les gardons pour nous-mêmes, nous ne tarderons pas, très probablement, à nous attendrir sur notre propre sort et à chercher des compensations qui nous feront de plus en plus oublier notre premier amour (voir Ap 2, 4). Si nous ne savons pas donner à la croix sa juste place, nous risquons vraiment de tomber dans une spiritualité étroite et superficielle.

C'est là précisément que Cléophas et son compagnon ont achoppé. Cela les a précipités dans le découragement, aussi fuient-ils la communauté des disciples. C'est alors que le Ressuscité vient à leur secours. Il commence par leur laisser raconter longuement leurs désillusions. Ils s'empressent de rapporter « ce qui concerne Jésus le Nazarénien », mais à la fin de leur long compte rendu, ils oublient de mentionner la résurrection. C'était omettre une réalité fondamentale, qui aurait d'emblée transformé la perspective sur le déroulement des événements passés. Or cette omission est à l'origine de leur abattement.

C'est donc précisément sur ce point que Jésus vient apporter la guérison. Il admet tous les faits qui les ont tellement troublés, mais il les place sous un nouvel éclairage. Jésus ne conteste pas les faits rapportés, il va seulement un peu plus loin, changeant ainsi l'ensemble du tableau. Il relie le côté « Passion » du tunnel, où se trouvent les deux disciples, avec le côté « résurrection » ; aussitôt la lumière afflue à travers le tunnel et la scène s'en trouve totalement transformée.

Le mystère pascal intègre l'effroyable Passion et la rend féconde : « Ne fallait-il pas que le Christ endurât ces souffrances pour entrer dans sa gloire ? Et, commençant par Moïse et parcourant tous les Prophètes, il leur interpréta dans toutes les Écritures ce qui le concernait. » Voilà ce qui apporta la guérison aux deux disciples. Leurs cœurs désespérés se mirent à brûler d'une ferveur toute nouvelle.

Ils insistèrent pour que l'étranger reste avec eux, car il se faisait tard. Mais lorsqu'il eut disparu après s'être fait reconnaître à la fraction du pain, malgré cette heure tardive ils ne craignirent pas de refaire tout le chemin jusqu'à Jérusalem, afin de retrouver les disciples qu'ils avaient quittés : quelque chose en eux les poussait à rejoindre la communauté. Mais quelle que fût leur impatience de raconter leur aventure, ils durent d'abord écouter les onze et leurs compagnons : « Le Seigneur est ressuscité et il est apparu à Simon. » Alors ils purent à leur tour rendre compte de ce qui leur était arrivé sur le chemin d'Emmaüs. On a ici la quintessence de ce qu'est l'Église : une communauté où l'on partage sa foi dans le Ressuscité et où l'on s'aide mutuellement à regarder toute chose à cette lumière.

*Guéri de son obstination.*

Ce même soir, dans l'évangile de saint Jean, nous retrouvons les disciples réunis, « les portes étant closes... par peur des Juifs » (20, 19-31). La Bonne Nouvelle n'a pas encore transformé les cœurs. Ils ne possèdent pas encore la profonde certitude qui permet de rendre témoignage. Ils n'osent pas encore sortir et aller annoncer la Bonne Nouvelle du Seigneur ressuscité. On a vu cela tant de fois dans l'histoire de la communauté chrétienne : des individus ou des groupes se sont barricadés par peur. Que de fois n'avons-nous pas cédé nous-mêmes à la tentation de nous terrer dans notre trou, parce que nous avions peur ?

Et tout d'un coup le Ressuscité se tient là, au milieu de leur peur. N'est-ce pas une caractéristique de Jésus ? Il est venu au milieu de nous par son incarnation. Il s'est tenu au milieu de notre péché, dans une totale solidarité avec nous, lors de son baptême qu'il reçut de Jean avec ceux qui « se faisaient baptiser par lui [Jean] dans les eaux du Jourdain, en confessant leurs péchés » (Mt 3, 6). Il nous a rejoints au milieu de la mort et en a partagé avec nous l'extrême solitude, afin que nous puissions l'y trouver et ne risquions pas de nous perdre finalement. Il a vaincu le péché, il a vaincu la mort, il a vaincu la peur, il est notre Sauveur.

Par deux fois, Jésus adresse à ses disciples le salut traditionnel : *Shalom*. Mais lorsque c'est le Ressuscité qui prononce ces mots, il ne s'agit pas d'une salutation ordinaire. Il communique cette paix dont il avait parlé naguère (Jn 14, 27) et que le monde ne connaît pas. C'est cette paix qui dissipe la mauvaise peur et nous délivre de l'isolement où nous tenait notre anxiété.

Pour exprimer cette paix, Jésus montre ses mains et son côté : le Ressuscité montre les marques de ses plaies ! Il rassemble dans ce geste très simple les deux côtés du mystère pascal. Rien ne peut mieux communiquer la paix du Royaume de Dieu que Jésus ressuscité, montrant la plaie de son côté et la marque des clous sur son corps glorifié.

Alors Jésus prononce ces paroles cruciales : « Comme le Père m'a envoyé, moi aussi je vous envoie. » Il transmet donc à ses disciples, et à nous, ce qui faisait le cœur de sa vie : la mission que le Père lui avait confiée (voir ici même, chapitre VII). « Ayant dit cela, il souffla sur eux et leur dit : "Recevez l'Esprit Saint." » Il fit pour chacun, comme nous pouvons l'imaginer, ce geste qui est exactement le geste de Dieu insufflant l'haleine de vie dans l'argile qu'il avait modelée pour créer Adam (Gn 2, 7). En même temps, Jésus leur dit : « Recevez l'Esprit Saint. » C'est dans cet Esprit que Jésus a accompli sa propre mission, et le fruit de sa mission accomplie est le don qu'il nous fait maintenant de ce même Esprit, afin de nous rendre aptes à accomplir notre propre mission. Or le couronnement de la mission de Jésus était le pardon de nos péchés. Son nom était Jésus « car c'est lui qui sauvera son peuple de ses péchés » dit Matthieu (1, 21). Le Saint-Esprit habilite donc les disciples au même office : « Ceux à qui vous remettrez les péchés, ils leur seront remis ; ceux à qui vous les retiendrez, ils leur seront retenus » (Jn 20, 23). Le droit réservé à Dieu est maintenant donné en partage à la communauté. C'est l'origine du sacrement de la réconciliation, cadeau pascal de Jésus à son Église.

Cet épisode est unique dans la Bible. Le Ressuscité donne à ses disciples le pouvoir de pardonner les péchés. L'amour de Dieu a deux extrêmes, qui sont comme deux mains tendues vers nous. La première est la résurrection : Dieu ne nous abandonne pas lors de notre mort, mais il continue de nous soutenir dans la mort et au-delà. L'autre main est le pardon : Dieu ne se détourne pas de nous quand nous péchons, mais là aussi la puissante main de son amour continue de nous garder et de nous accepter. Ses deux mains tendues vers nous nous atteignent précisément en ces deux situations extrêmes où notre propre force ne saurait suffire : la mort et le péché. La beauté de ce passage de l'évangile de Jean vient de ce que ces deux extrêmes de l'amou divin s'y rencontrent : la résurrection et le pardon des péchés.

Une ombre vient toutefois assombrir ce merveilleux moment du soir de Pâques : « Thomas, l'un des Douze, appelé Didyme, n'était pas avec eux, lorsque vint Jésus[1]. » Il a peut-être pressenti le drame plus tôt que les autres disciples. Sa grande perspicacité lui a fait voir avant les autres que le pouvoir établi était trop puissant pour que Jésus parvienne à le renverser. Il voyait Jésus courir au désastre. Il voyait déjà la menace de la croix à l'horizon, alors que les autres apôtres savouraient encore naïvement la popularité extraordinaire de leur maître. Dès lors son enthousiame fléchit, sa ferveur s'éteint et sa générosité s'épuise. L'idéaliste qu'il était devient un pessimiste. Et quand arrive vraiment l'heure de la Passion, sa réaction est ambiguë : d'un côté il partage avec les autres leur désappointement et leur grande tristesse. De l'autre, la crucifixion prouvait qu'il avait eu raison, que son opinion personnelle était juste, et les événements venaient confirmer son point de vue. Il était certainement enlisé dans la Passion, au moins autant que les disciples d'Emmaüs, et incapable d'en sortir pour entrer dans la joie de la résurrection. Il campait obstinément sur sa position et refusait le témoignage des autres apôtres.

Ses grandes déclarations et ses exigences incongrues montrent à quel point il est en réalité figé dans son attitude. Son

---

[1]. Voir Pierre VAN BREEMEN, s.j., *Tu as du prix à mes yeux*, Éd. Bellarmin, Montréal, 1986, chap. XI, p. 113.

obstination pourtant ne dénote pas une nature fruste. C'est plutôt la réaction d'un homme extrêmement sensible qui, face à une déception très profonde, a besoin pour se protéger de jouer les durs. Tout cela fait qu'il s'enfonce de plus en plus dans une solitude dont il est lui-même l'artisan. Ce qui aggrave encore son cas, c'est que les autres ne comprennent rien à son obstination.

Jésus ne le laisse pas seul dans cette crise. Il vient le guérir, mais il le fait au sein de la communauté et en présence des autres apôtres. Ce point est très important, car c'est dans et par l'Église, qui est son corps, que Jésus est présent et agissant. Ce n'est qu'après avoir rejoint le groupe que Thomas est invité à toucher les blessures de Jésus, ses mains et son côté, comme il le demandait dans son isolement et son obstination. Ce n'est pas que Jésus veuille lui faire ravaler ses paroles ou lui en faire honte ; il n'y a aucun désir de vengeance chez le Seigneur ressuscité ; Jésus veut le libérer de la triste prison qu'il s'est forgée lui-même et l'ouvrir à la joie et à l'immense espace de la résurrection. Comme pour Cléophas et son compagnon, le bon Berger, à nouveau, rejoint sa brebis là où elle se trouve : retranchée dans la Passion. Aussi laisse-t-il Thomas toucher ses plaies. C'est là que Thomas se sent chez lui. Jésus lui transmet ce message : Tu avais raison, Thomas, la crucifixion a eu lieu ; c'était horrible. Palpe-moi, mets tes doigts dans les marques des clous et tes mains dans mon côté. Oui, Thomas, tu avais raison quand tu voyais venir la croix.

Pour la première fois depuis le Vendredi saint, Thomas se détend. Enfin, après ce long laps de temps, il y a ici quelqu'un qui ne le pousse pas dans ses derniers retranchements, qui ne l'enfonce pas davantage encore dans sa solitude. Mais ce soulagement n'est que le prélude à un changement bien plus profond. Il découvre maintenant que ces marques de la crucifixion qui l'obsédaient font partie d'un tout autre contexte. Elles appartiennent au corps ressuscité, elles ont part à sa rayonnante beauté.

Pour Thomas, c'est la libération, la fin de son isolement. Les plaies appartiennent au corps ressuscité, la Passion appartient au mystère pascal et sa souffrance personnelle est intégrée dans le vaste champ de la Bonne Nouvelle. Thomas bondit hors de sa prison ; la lumière et la joie le submergent. Sa résistance est vaincue. C'est avec une ardente conviction qu'il peut maintenant prononcer son acte de foi : « Mon Seigneur et mon Dieu. » Le mystère pascal a guéri une autre victime enfermée dans un point de vue trop partiel.

Les dernières paroles de Jésus ne concernent plus le seul Thomas, mais tous les croyants de la communauté johannique, et, par-delà, tous ceux qui liront l'évangile de Jean au long des siècles. Vingt chapitres nous ont conduits à ce sommet. Au début de l'évangile selon saint Matthieu, nous trouvons huit béatitudes. Chez Jean, nous en lisons une après le lavement des pieds, c'est la béatitude de l'amour : Heureux êtes-vous si vous faites comme je vous ai fait (voir Jn 13, 17). Jean conclut son évangile par une deuxième béatitude, celle de la foi : Heureux ceux qui n'ont pas vu et qui ont cru. C'est pour nous conduire à cette foi qu'il écrit son évangile : « [Ces signes] ont été mis par écrit, pour que vous croyiez que Jésus est le Christ, le Fils de Dieu, et pour qu'en croyant vous ayez la vie en son Nom ».

SEPTIÈME PARTIE

# LE DON DE GRATITUDE

# CHAPITRE XXIV

# PRÉSENCE DANS LE PRÉSENT

*Gratitude.*

La gratitude crée une attitude d'esprit positive à l'égard de la vie et aide à trouver joyeusement Dieu en toutes choses. Les personnes reconnaissantes sont d'un commerce agréable. Elles rendent la vie plus heureuse et plus riche, la leur et celle des autres ; elles ne perdent pas courage, même dans l'adversité, mais gardent un cœur vigilant pour résister efficacement aux forces du mal qui voudraient nous engloutir dans leurs ténèbres. Nous n'avons pas besoin de nous faire du souci pour la santé psychique de ceux pour qui la reconnaissance est devenue une seconde nature. On ne peut pas être en même temps reconnaissant et malheureux. Les personnes ingrates, en revanche, peuvent être un fléau pour les autres ; elles gâchent toutes les bonnes choses.

Dans l'Évangile, nous lisons que Jésus était un homme plein de gratitude. Il le montrait tant dans les grandes que dans les infimes occasions de la vie : que ce soit pour un peu d'eau donnée par la Samaritaine ou pour l'amitié qu'il trouvait chez Marie, Marthe et Lazare. Il rendait grâce avant chaque repas, comme il le fit aussi avant d'appeler Lazare à sortir de son tombeau. Il remerciait son Père avec les mots des Psaumes, mais aussi spontanément, avec ses propres mots. Tressaillant de joie, il louait son Père et lui rendait grâce (voir Lc 10, 21).

Il était reconnaissant pour les fleurs des champs et pour les oiseaux du ciel, pour le soleil qui se lève et la pluie qui tombe. Il était conscient au plus profond de son cœur que la vie, toute vie et sa propre vie, était un don. Il savait que son Père l'appelait « sa joie » et mettait en lui toute sa faveur (voir Mt 3, 17).

Jésus s'efforçait de répondre toujours parfaitement à ce don, et il ne se sentait pleinement vivre qu'en accomplissant la volonté du Père. C'était là sa nourriture, sa subsistance (Jn 4, 34). En d'autres termes, la gratitude de Jésus n'est jamais pure affaire de sentiment ou simple confession des lèvres ; non, elle imprègne tout son être.

La tradition juive transmet cet enseignement : « Qui profite d'un bien quelconque en ce monde sans dire d'abord une prière de grâce ou une bénédiction commet une injustice. » Ces mots du Talmud se rapportent au début du Psaume 24 : « À Yahvé la terre et sa plénitude. » C'est la *berakah* (bénédiction) et elle seule qui donne le droit d'user des biens de la terre ; sans cette bénédiction il est malhonnête d'en user. C'est pourquoi la tradition juive abonde en prières de bénédiction, même en des matières très profanes. « Nous te rendons grâce pour tes miracles quotidiens au milieu de nous, et pour tes merveilles sans cesse renouvelées », telle est la prière que les juifs adressent à Dieu trois fois par jour. Bien des Psaumes ont cet accent de gratitude : « Offre à Dieu un sacrifice d'action de grâce », « Qui offre l'action de grâce me rend gloire » (Ps 50, 14.23), « Bénis Yahvé, mon âme, du fond de mon être, son saint Nom, bénis Yahvé, mon âme, n'oublie aucun de ses bienfaits » (Ps 103, 1-2).

Marie et Joseph ont élevé l'enfant Jésus dans cette tradition ; il lui ont appris à rendre grâce au Seigneur avant d'user d'un bien quelconque. Jésus était bon élève et il a pleinement fait siennes ces leçons. Nous percevons dans les récits de sa vie publique à quel point la gratitude était en lui spontanée et profonde.

La tradition chrétienne aussi nous parle de gratitude. Depuis des siècles toutes les préfaces de la messe sont précédées de cette invitation : « Rendons grâce au Seigneur notre Dieu », et la plupart d'entre elles commencent ainsi : « Vraiment, Père saint, il est juste et bon de te rendre grâce, toujours et en tout lieu. » L'expression latine, *gratias agere*, a encore plus de force, car elle parle de « faire », plutôt que de « rendre » grâces. La gratitude est quelque chose que nous faisons, « toujours et en tout lieu ».

Le centre et le sommet de la prière chrétienne est l'eucharistie, mot dont la racine grecque signifie précisément célébration de la gratitude. Certains jours, la liturgie nous fait chanter le *Gloria* où figurent ces mots : « Nous te rendons grâces pour ton immense gloire. » Ici la gratitude se fait adoration. La reconnaissance n'engage pas seulement la langue et la tête, mais aussi le cœur et les mains ; elle embrasse toute la personne.

Le Nouveau Testament parle souvent de cette réponse de l'homme à Dieu, ainsi ce verset de saint Paul : « Car tout cela arrive à cause de vous, pour que la grâce, se multipliant, fasse abonder l'action de grâces chez un plus grand nombre, à la gloire de Dieu » (2 Co 4, 15). Dans ce passage, saint Paul raconte les souffrances et les épreuves de son apostolat. Il les accepte toutes pour deux motifs qui finalement n'en font qu'un : le salut d'un grand nombre et l'abondance de l'action de grâces. Dans la plus ancienne épître de Paul, on trouve cette formule lapidaire et dense : « En toute condition soyez dans l'action de grâces. C'est la volonté de Dieu sur vous » (1 Th 5, 18).

La tradition chrétienne plus récente présente elle aussi des exemples de cette disposition d'esprit. Au début d'une lettre de saint Ignace de Loyola à l'un de ses premiers compagnons, Simon Rodriguez, nous lisons cette remarque :

> Il me semble dans la lumière de la divine bonté, quoique d'autres puissent penser différemment, que l'ingratitude est le plus abominable des péchés aux yeux de notre Créateur et Seigneur, et de toutes les créatures capables de jouir de sa divine et éternelle gloire. Car elle est oubli des grâces, des bienfaits et des bénédictions reçues et par là se trouve aussi la cause, le commencement de tous les péchés

et de tous les malheurs. Au contraire, la gratitude qui reconnaît les bénédictions et les bienfaits reçus est estimée et aimée, non seulement sur terre, mais encore au ciel [1].

*Reconnaître sa dépendance.*

On peut définir la gratitude comme la reconnaissance d'une dépendance, dépendance à laquelle on consent. L'attitude contraire est l'orgueil qui nous fait croire que notre valeur dépend uniquement de ce que nous réalisons nous-mêmes et nous fait refuser toute dépendance. Être plein de gratitude, c'est reconnaître ce que j'ai reçu, et donc que je suis redevable à la personne qui m'a fait ce don ou accordé son aide ; c'est accepter et exprimer cette dépendance. C'est très difficile à admettre pour certains. Si on leur fait un cadeau, leur réaction spontanée est d'en estimer le prix ; dès la semaine suivante ils envoient à leur bienfaiteur un cadeau de valeur à peu près égale, ou probablement un peu plus cher : ainsi, l'équilibre est rétabli. Devoir quelque chose à quelqu'un leur paraît insupportable.

Et pourtant, tout ce que j'ai et tout ce que je suis, ne l'ai-je pas reçu d'autrui ? La langue que je parle, la maison que j'habite, la liberté dont je jouis, ma pensée, ma foi, tout cela m'est venu par les autres. La gratitude, c'est la reconnaissance de ce que je ne suis pas l'origine de ma propre existence ni de tout ce qui m'est nécessaire pour exister. Être reconnaissant, c'est savoir apprécier ce que les autres font et signifient pour moi.

Il nous faut *apprendre* à vivre avec un cœur plein de gratitude, car chacun de nous est enclin à s'attribuer à soi-même tout bien, ou à le considérer comme un dû. Dès le début de son histoire, le peuple juif a été formé à l'action de grâce. Voici ce que Moïse enseigne aux Israélites dans le livre du Deutéronome :

---

1. 18 mars 1542 ; *Monumenta ignatiana*, I, ɪ, p. 192.

Si Yahvé s'est attaché à vous et vous a choisis, ce n'est pas que vous soyez le plus nombreux de tous les peuples : car vous êtes le moins nombreux d'entre tous les peuples. [7, 7.]

Garde-toi de dire en ton cœur : « C'est ma force, c'est la vigueur de ma main qui m'ont fait agir avec cette puissance. » Souviens-toi de Yahvé ton Dieu : c'est lui qui t'a donné cette force, pour agir avec puissance, gardant ainsi, comme aujourd'hui, l'alliance jurée à tes pères. [8, 17-18.]

Sache aujourd'hui que ce n'est pas ta juste conduite qui te vaut de recevoir de Yahvé ton Dieu cet heureux pays pour domaine : car tu es un peuple à la nuque raide. [9, 6.]

Dans le Nouveau Testament nous retrouvons la même leçon, par exemple lorsque saint Paul rappelle aux Corinthiens qu'ils n'ont pas été choisis en raison de leurs mérites : « Aussi bien, frères, considérez votre appel : il n'y a pas beaucoup de sages selon la chair, pas beaucoup de puissants, pas beaucoup de gens bien nés. Mais ce qu'il y a de fou dans le monde, voilà ce que Dieu a choisi pour confondre les sages ; ce qu'il y a de faible dans le monde, voilà ce que Dieu a choisi pour confondre ce qui est fort ; ce qui dans le monde est sans naissance et ce que l'on méprise, voilà ce que Dieu a choisi ; ce qui n'est pas, pour réduire à rien ce qui est, afin qu'aucune chair n'aille se glorifier devant Dieu » (1 Co 1, 26-29).

Reconnaître sa dépendance demande une certaine maturité. Un *enfant* se réjouit du cadeau sans s'inquiéter de savoir d'où il vient. Un enfant croit sans difficultés à saint Nicolas, aussi longtemps que les cadeaux arrivent à la bonne adresse — c'est-à-dire chez lui. L'enfant doit apprendre à dire merci. Spontanément, il n'y pense pas. De la même façon, un enfant ne dira jamais : C'est vraiment trop ou : Est-ce que cela ne vous prive pas ? Ce sont des expressions d'adultes ; les enfants, eux, acceptent sans poser de questions le cadeau qu'on leur fait.

L'*adolescent* quant à lui, sait bien d'où viennent les

cadeaux, mais souvent il lui est difficile de reconnaître sa dépendance, ce qui aboutit parfois à un comportement un peu bizarre, ou même carrément injuste, qui peut réellement blesser les autres. Bien sûr, l'adolescence n'est pas affaire de calendrier. L'âge par lui-même ne met pas à l'abri de cette mentalité centrée sur ses droits, réels ou supposés, exigeant sans répit ce qui ne peut être donné que dans la liberté. Attitude qui est signe d'immaturité et qui étouffe le sens de la gratitude.

Qui est vraiment *adulte* connaît ses limites et admet ses dépendances, et c'est pourquoi il est capable de reconnaître et d'accueillir ce qu'on lui donne avec un cœur plein de gratitude. Aussi une gratitude adulte peut-elle facilement se développer en attitude spirituelle, reconnaissant en Dieu la source de tous biens et désirant répondre à ses largesses par le service et par le don de soi. L'adulte a découvert et intériorisé le fait que les valeurs suprêmes de la vie ne peuvent s'acheter ni être fabriquées par nous ; ce qui donne à notre vie de la profondeur et de la paix — l'amour, la foi, la prière, la fidélité, le pardon, l'espérance, la santé — relève bien davantage du don reçu que de la performance humaine personnelle.

Dans la « Contemplation pour obtenir l'amour », à la fin des *Exercices spirituels*, le retraitant est invité à demander « la grâce par laquelle, considérant la grandeur des bienfaits qu'il m'a accordés, je me consacre tout entier à son amour, à son culte et à son service » (ES 233). La conscience des nombreux bienfaits reçus ne se limite pas à des sentiments, ni à des paroles, elle s'exprime aussi dans des actes ; il faut le redire : chacun de nous doit faire l'apprentissage de la gratitude, en répéter les leçons et la pratiquer.

Dans son petit livre *Apprendre à voler*, Dorothée Sölle écrit qu'elle s'était surprise à négliger, durant les dernières années, l'action de grâce et la louange. Parmi la multitude de ses activités, la gratitude tendait à disparaître. Elle comprit que c'était une grande perte, et résolut en conséquence de ne plus aller se coucher sans avoir remercié Dieu pour trois bienfaits précis reçus dans la journée écoulée. Je connais un confrère, qui, inspiré par l'exemple de Mme Sölle, alla s'acheter un petit agenda où il inscrivait chaque soir trois bienfaits reçus dans la journée et pour lesquels il éprouvait de la reconnaissance ; ce petit agenda lui fut d'un grand secours, particulièrement dans les jours sombres. Le frère David Steindl Rast, o.s.b., raconte que pendant des années il a écrit dans son agenda au moins une chose pour laquelle il n'avait pas encore rendu grâce jusqu'à présent. L'un ou l'autre pensera peut-être qu'il est bien difficile de trouver chaque jour un nouveau motif de reconnaissance. « Il n'en est rien », répond le frère David, « au contraire, souvent quatre ou cinq motifs se présentent spontanément à la fois. Je ne puis imaginer quel grand âge il me faudrait atteindre pour entamer notablement le stock. »

*La gratitude implique la confiance.*

Si je ne fais pas confiance à quelqu'un, je ne peux pas non plus lui être vraiment reconnaissant. Si l'on me fait un cadeau et que je craigne qu'il ait été volé, je ne puis vraiment y prendre plaisir. La police est peut-être déjà à mes trousses ! Ou encore, pour être plus réaliste, si une personne en qui je n'ai pas entièrement confiance me fait un cadeau, j'aurai sans doute tendance à penser : Bon, elle me fait ce cadeau, mais elle viendra peut-être la semaine prochaine me demander un service en me faisant sentir qu'il ne s'agit que d'un prêté pour un rendu. J'aurai donc les mains liées et je n'oserai pas le lui refuser. Ce cadeau m'a rendu, d'une certaine manière, dépendant de cette personne. Si de telles pensées et de tels sentiments habitent mon cœur et mon esprit, comment me réjouir de ce cadeau ?

La gratitude, c'est la célébration du lien qui unit celui qui offre et celui qui reçoit. Mais parfois ce lien est tel que je ne puis le célébrer. Il y a des personnes en qui je n'ai pas assez confiance pour accepter d'être dépendant d'elles.

Être reconnaissant c'est permettre à quelqu'un d'entrer dans ma vie. Comme leur nom l'indique, c'est la raison d'être des

« présents » : on cherche à se rendre présent à celui à qui on les offre. Aussi, bien accepter un cadeau, c'est accepter celui qui le présente. Supposons qu'un ami rapporte d'un séjour en Suisse un couteau de poche et me l'offre. Chaque fois que je l'utiliserai, je me souviendrai de cet ami et me réjouirai de notre amitié ; son cadeau me le rend présent.

Cela ne vaut toutefois que si celui qui offre a mis quelque chose de lui-même dans ce qu'il présente. Parmi les faits divers, j'ai trouvé un jour dans un magazine cette petite anecdote qui illustre bien ce que je viens de dire. Certes l'histoire est un peu sentimentale, mais elle a l'avantage d'atteindre l'objectif. Chaque jeudi, une dame retirée dans un foyer pour personnes âgées, recevait un beau bouquet de sa fille qui vivait au loin. La maman, toute joyeuse, posait le bouquet sur la table au milieu de la pièce et laissait la porte ouverte dans l'espoir que quelqu'un remarquerait les fleurs et lui ferait un petit compliment, ce qui lui donnerait l'occasion de parler de sa fille. Or pour l'anniversaire de sa maman, la jeune femme vient lui rendre visite et passer la journée avec elle. La mère la remercie chaleureusement de cette attention si fidèle. Sa fille, un peu embarrassée, lui avoue que les fleurs ne sont qu'une commande passée auprès d'un fleuriste et réglée automatiquement par un prélèvement sur son compte. Le jeudi suivant, les fleurs arrivent comme d'habitude. La mère les place sur le buffet et laisse la porte seulement entrebâillée... Le bouquet a perdu quelque chose de sa magnificence parce que celle qui l'a offert est moins « présente » dans son présent que sa mère ne l'avait supposé.

La valeur d'un présent peut également se trouver diminuée du fait que celui qui le reçoit ne lui accorde pas l'attention voulue. Si, par exemple, on se contente de survoler un livre reçu en cadeau, pour l'abandonner ensuite sur une étagère, on n'est pas vraiment reconnaissant. Manquer d'attention, telle est la quintessence de l'ingratitude. Considérer toute chose comme un dû, c'est étouffer en soi toute gratitude. Un être capable de gratitude est un être ouvert, attentif aux autres et à la vie. N'est vraiment humain que celui qui sait être reconnaissant.

# CHAPITRE XXV

# TROUVER DIEU EN TOUTES CHOSES

*Transparence.*

Reprenons un moment l'exemple du couteau de poche donné en cadeau, et prolongeons-le un peu pour en tirer un enseignement important. Supposons qu'il y ait un froid entre mon ami et moi et que notre amitié s'en trouve brisée : je puis lui renvoyer le couteau pour ne plus le voir, mais je puis aussi, par une simple opération mentale, séparer dans mon esprit et dans mon cœur le couteau de son donateur. Ce qui reste n'est plus un présent, mais un simple objet très pratique, et c'est tout.

Cet exemple, un peu tité par les cheveux, je l'admets, met néanmoins en évidence un important changement de perspective, qui est transposable dans le domaine de la foi. Le croyant peut voir en toutes choses un don révélant la présence du donateur. Les choses, les personnes, les situations, acquièrent par là une sorte de plénitude. Elles portent en elles une richesse, une référence à la Bonté, source de toute bonté. Nous découvrons qu'il y a en tout ce qui existe un mystère qui en est le fond le plus intime. Il est possible également d'avoir un regard d'homme d'affaires sur les choses et les personnes, les évaluant selon leur utilité ou leur efficience sans chercher à aller plus loin.

La manière dont les choses et les personnes se présentent

à nous dépend en grande partie de notre attitude à leur égard. Nous pouvons les approcher avec révérence et émerveillement de façon à respecter leur secret intime, à reconnaître et vénérer en elles le Tout Autre. Nous pouvons aussi les priver de leur profondeur, les couper de leurs racines et ainsi les dévaluer.

Seule la gratitude peut donner aux choses et aux personnes tout leur relief, toute leur valeur. C'est dans la gratitude seulement qu'elles reçoivent la possibilité d'être pleinement ce qu'elles sont. Aussi peut-on affirmer que la reconnaissance est une attitude réaliste envers la vie. Elle donne à la réalité sa véritable forme. En effet, lorsqu'on n'est pas reconnaissant, on mutile la réalité et on nivelle le monde. À qui ne sait ni ressentir ni exprimer la gratitude, il manque une des conditions essentielles d'une bonne santé psychique. C'est pourquoi certains psychiatres s'efforcent d'éveiller chez leurs patients le sens de la reconnaissance.

Nous savons qu'un « travail de deuil » est nécessaire pour assimiler la perte d'un être cher. De même la gratitude est nécessaire pour assimiler les expériences positives et accueillir la richesse de ce qui nous est donné. L'action de grâce parfait l'acte du don. Sans ce témoignage de reconnaissance, le don n'est pas complet. On risque aussi de se perdre si complètement dans le don qu'on en oublie le donateur. Si l'ascèse a ici une importance, ce n'est pas qu'elle nous évite de faire un mauvais usage de ce qui nous est donné, mais qu'elle nous permet de préserver à l'égard de ces biens une distance suffisante. Alors seulement nous serons capables de discerner dans le don reçu son fond et de lui rendre ainsi pleinement justice. Oui, la gratitude donne à la vie sa profondeur et sa vraie perspective ; elle rend la réalité lumineuse et transparente, elle crée une plus grande harmonie entre le monde et les hommes.

Être reconnaissant, c'est faire remonter les biens à la source dont ils proviennent ; c'est ouvrir l'accès au fond le plus intime des choses. Alors seulement l'homme peut s'enraciner dans la réalité, trouver la consistance de son être. Saint Ignace appelait cela « trouver Dieu en toutes choses ». Par la gratitude les événements et les choses, comme les pièces d'une mosaïque, prennent place dans l'histoire de l'amour de Dieu pour les hommes et deviennent un moment de son œuvre de salut.

Tout ce qui existe est don de Dieu. Il emplit de son amour chaque coin et recoin de la création. Ce qui existe est communiqué, c'est-à-dire remis entre nos mains pour être accueilli. « L'amour consiste en une communication mutuelle des biens » dit saint Ignace (ES 231). Dans la prière sacerdotale, Jésus dit au Père : « Tout ce qui est à moi est à toi, et tout ce qui est à toi est à moi » (Jn 17, 10) ; ces mots expriment sa totale confiance, son don de soi inconditionnel.

*La gratitude s'adresse à quelqu'un.*

Nous connaissons tous l'embarras que cause un présent anonyme. C'est une agréable surprise de recevoir un cadeau, et nous apprécions la discrétion de celui qui nous l'a offert, mais il est frustrant de ne pouvoir le remercier. Nous avons l'impression de devoir dire merci à tous ceux qui pourraient éventuellement en être l'auteur, mais cela risquerait de créer des situations embarrassantes, car les gens penseraient que nous nous attendions à un cadeau de leur part.

Dans sa biographie de saint François, Chesterton remarque que le pire moment pour un athée doit être celui où, ressentant de la gratitude, il n'a personne à qui dire merci. C'est sans doute la même expérience que celle que nous venons d'évoquer, mais à plus vaste échelle.

Il n'est pas facile non plus d'être reconnaissant à l'égard d'une institution. Certes, il existe une sorte de gratitude anonyme. Nous pouvons être heureux de vivre dans un pays libre et reconnaissants de nos traditions familiales, des progrès de la médecine, du bon esprit de notre paroisse ou de notre communauté, de notre éducation et de bien d'autres valeurs communautaires. Nous savons que beaucoup de personnes ont œuvré à cette fin, même si elles nous sont inconnues : c'est une gratitude anonyme. Mais la gratitude mûre est toujours liée à des personnes précises. En fin de compte, nous croyons que c'est l'amour de Dieu et sa sollicitude qui s'incarnent dans la bonté de ces personnes que nous ne pouvons nommer. Quand deux amoureux se disent : « je remercie Dieu de ce que tu existes », ils ont raison. Il manque quelque chose à notre gratitude si elle ne s'étend pas jusqu'à Dieu.

La reconnaissance, c'est la conscience d'une part de sa propre valeur, et d'autre part de sa dépendance. La gratitude implique une saine estime de soi, mais en même temps elle est altruiste, orientée vers les autres. L'égocentrisme et l'égoïsme sont les ennemis déclarés de la gratitude. Celui qui demeure préoccupé de son propre intérêt, centré sur lui-même, ne sera jamais une personne reconnaissante. De même, celui qui se perd totalement dans les dons reçus en oubliant l'auteur de ces dons est un ingrat. Être reconnaissant signifie ne pas se placer au centre de tout, en pensant que les choses sont naturellement à notre disposition, mais au contraire qu'elles viennent de Dieu qui les a mises à notre disposition. Être reconnaissant, ce n'est pas découvrir des choses nouvelles, mais acquérir un nouveau regard sur les choses. La gratitude nous rend plus ouverts, et par elle le monde gagne plus de transparence.

Il y a une certaine ressemblance entre la gratitude et le sens artistique. Le goût de l'art apporte joie et plaisir. Il nous fait savourer la beauté des choses. La gratitude aussi. Cependant la joie d'un cœur reconnaissant est plus profonde et plus vaste que celle que procure une œuvre d'art. Peut-être pourrait-on donner le nom de paix à cette joie-là, et si notre gratitude s'adresse à Dieu, alors elle nous offre une paix telle que le monde ne peut la donner.

Les personnes reconnaissantes sont des personnes merveilleuses. Elles sont des messagères de la Bonne Nouvelle. Je me souviens d'une de mes visites à une dame qui souffrait depuis douze ans d'une sclérose en plaques ; elle était dans un fauteuil roulant et sa main gauche était entièrement paralysée. Elle me raconta comment, au début de sa maladie, elle s'était d'abord violemment révoltée, puis comment elle avait peu à peu appris à l'accepter et à en tirer le meilleur parti. Dans la suite de la conversation ses yeux se mirent tout à coup à rayonner, et elle me dit avec une grande conviction : « Père, je suis si reconnaissante d'avoir encore l'usage de ma main droite ! » J'avais honte d'avoir si rarement, pour ne pas dire jamais, rendu grâce à Dieu pour l'usage de mes deux mains. Ce fut pour moi une rencontre exceptionnelle, mais je suis sûr que beaucoup d'autres ont fait des expériences semblables et peut-être plus impressionnantes encore.

La gratitude ne rabaisse rien ni personne, mais fait paraître les choses et les personnes sous leur meilleur jour. Une personne reconnaissante ne se rabaisse pas non plus elle-même, la gratitude et le complexe d'infériorité ne font pas bon ménage. Anthony de Mello dit : « Il est impossible d'être à la fois reconnaissant et malheureux. » Le psychiatre allemand Albert Göttes observe la même incompatibilité : « On ne peut être mécontent et en même temps reconnaissant. » Nous touchons ici encore à la valeur thérapeutique de la reconnaissance : elle favorise l'harmonie de la personne. Inutile de s'inquiéter pour la santé psychique et spirituelle de quelqu'un qui a le sens de la gratitude.

La Vierge nous donne ici un bel exemple. Son *Magnificat* témoigne de l'assurance et de l'estime qu'elle a d'elle-même : Dieu a fait pour elle des merveilles, toutes les générations la diront bienheureuse. Son cantique témoigne simultanément d'un profond sens de Dieu : le Tout-Puissant a fait cela pour elle, il déploie la force de son bras, saint est son Nom... La gratitude ne cohabite pas avec l'autosuffisance ou la vaine gloire, elle reconnaît plutôt en toutes choses la source qui nous dépasse.

À titre d'exemple, voici une application pratique : imaginons une personne qui connaît le succès et en reçoit gloire et honneur. Elle risque de tomber dans l'orgueil et la vaine gloire. Au commencement de son autobiographie, saint Ignace nous raconte comment il a eu à lutter contre ce genre de tentation. Le vrai problème n'est pas qu'on soit estimé, mais qu'on s'approprie cette estime au lieu de la renvoyer à sa source dernière. Lorsque nous reconnaissons que ces succès et distinctions viennent de Dieu, nous pouvons en jouir de tout cœur sans orgueil ni vaine gloire[1]. Redisons-le, la gratitude nous enseigne la juste perspective, un sain équilibre et, dans ce cas précis, elle nous permet d'être à la fois modestes et heureux.

La gratitude exige une certaine distance. Si je ne vois que le don, je perds de vue celui qui me l'offre. Si je me laisse asservir par un bien quelconque, je n'ai plus la liberté nécessaire pour en être réellement reconnaissant, ni pour en jouir vraiment. Nous ne pouvons pas non plus savoir gré de ce qu'on nous a contraints à accepter. Inversement, la reconnaissance crée une certaine distance qui nous évite d'être opprimés par le don reçu. C'est là encore un de ses fruits salutaires.

La reconnaissance signifie que je ne suis pas seulement attentif au don et à son auteur, mais aussi à l'acte même de donner. Un homme reconnaissant est un homme attentif, vigilant. Comme dit Sénèque :

> Ingrat qui nie avoir reçu le bienfait lorsqu'il l'a reçu en effet ;
> ingrat qui en fait mystère ;
> ingrat qui ne le rend pas ;
> plus ingrat que tous qui l'a oublié[2].

L'oubli peut constituer une faute grave ; mais pas nécessairement. Parfois il est fortuit et innocent ; mais il peut être aussi

---

1. Dans sa longue lettre à sor Teresa Rejadella, o.s.b., du 18 juin 1536, saint Ignace lui apprend à vaincre la fausse humilité : « Si vous y regardez bien, vous verrez que ces désirs de servir le Christ notre Seigneur ne viennent pas de vous. C'est le Seigneur qui vous les donne. Et en disant : "Le Seigneur me donne des désirs accrus de le servir", vous proclamez sa louange, parce que vous publiez son don et vous vous glorifiez en lui et non en vous, puisque vous n'attribuez pas cette grâce à vous-même. » Voir Hugo RAHNER, s.j., *Ignace de Loyola et les Femmes de son temps*, Desclée de Brouwer, Coll. « Christus », Paris, 1964, II, p. 118.

2. SÉNÈQUE, *De beneficiis*, III, 1 ; traduction par François Péchac dans la « coll. des universités de France », Les Belles Lettres, Paris, 1926.

la conséquence d'un égocentrisme chronique, d'une dépendance ou encore d'une fixation, d'un blocage, d'un refoulement, d'une projection. Nous ne parvenons pas à témoigner de la reconnaissance à certaines personnes parce que nous ne voulons pas les laisser entrer dans notre vie.

Être oublié peut être terrible : dans l'Ancien Testament, la pire des choses qu'on puisse faire à un homme c'est de l'oublier. C'est pourquoi le psalmiste dit à Dieu : « Connaît-on dans la ténèbre tes merveilles, et ta justice au pays de l'oubli ? » (Ps 88, 13.)

Reconnaître ce que nous refoulons peut nous soulager. C'est là qu'à nouveau entre en jeu la gratitude. Pour un ingrat tout est devoir et fardeau, obligation et fatalité, oppression et malheur. La gratitude offre une autre perspective, elle ouvre un large espace à notre liberté. Rendre grâce est vraiment « salutaire ».

*La mémoire du cœur.*

Un homme reconnaissant commémore l'indépendance de son pays et se souvient de ceux qui ont sacrifié leur vie pour nous l'obtenir ; il fait mémoire de l'anniversaire de ceux qui lui sont chers, de la date d'un mariage ou de la mort d'un ami. Un homme reconnaissant fête les *magnalia Dei*, les œuvres merveilleuses de Dieu, et avant tout la mort et la résurrection de Jésus. L'eucharistie, c'est la mémoire du cœur qui devient action de grâce. Dans son discours d'adieu, Jésus nous promet le Saint-Esprit qui nous fera nous souvenir (voir Jn 14, 26).

« Heureux les cœurs purs, car ils verront Dieu » (Mt 5, 8). Pour un cœur sans partage, les choses, les situations, les gens sont transparents. Il voit à travers eux ; il reconnaît en eux le fond le plus intime, le mystère qui est au cœur de toutes choses et qui n'est autre que l'amour de notre Père qui est aux cieux. Le cœur pur n'est pas avide, il ne tire pas tout à soi, il ne s'éparpille pas ni ne connaît l'ennui ; il n'est ni asservi ni possessif ; il voit plus loin que l'utilité ou le profit personnel. Avec un cœur simple et pur, il est très facile de vivre dans la gratitude et la prière, de trouver Dieu qui est à l'œuvre en toutes choses (voir Jn 5, 17).

Dans le langage biblique, le cœur est la réalité profonde et authentique de l'être humain, par opposition à l'apparence. Le cœur est la source mystérieuse de notre énergie vitale. « Plus que sur toute chose, veille sur ton cœur, c'est de lui que jaillit la vie » (Pr 4, 23). Avant tout, c'est dans notre cœur que réside la capacité d'aimer qui nous unit à l'origine de toute la création. Le cœur possède une profondeur insondable parce qu'il est apparenté à l'amour créateur de Dieu. La première tâche qui incombe à chaque être humain, c'est donc de trouver le chemin de son propre cœur. Dans cette recherche, la gratitude est une fidèle alliée.

Dans le premier chapitre de saint Luc, nous entendons Marie chanter le *Magnificat*, le cantique d'action de grâce par excellence (1, 46-55). Mais, un peu plus haut dans le même chapitre, elle avait prononcé son *Fiat* (1, 38). Entre ces deux moments il y a un lien très étroit. Celui qui n'a pas le courage de l'abandon ne peut pas être vraiment reconnaissant. Abandon et gratitude s'appellent et se renforcent l'un l'autre. Dans la méditation finale des *Exercices spirituels*, nous demandons la grâce « de la reconnaissance intime pour tous les grands bienfaits que nous avons reçus » (ES 233) ; cette méditation s'achève dans une prière d'abandon : « Prends, Seigneur, et reçois toute ma liberté » (ES 234). De la même façon, l'eucharistie unit la gratitude et le don de soi.

En dernier ressort, exprimer notre gratitude, c'est aimer à notre tour de l'amour même dont nous sommes aimés. La gratitude pour les bienfaits reçus nous dispose à accomplir notre tâche sans prétention ni pusillanimité. Elle implique que nous soyons réceptifs et non passifs. Elle n'est jamais abstraite, jamais pur geste ou parole de politesse. La gratitude transforme le « bienfait » en tâche à « bien faire », nous disposant ainsi à l'action, non pour réaliser des performances ou nous acquitter d'une dette, mais plutôt pour que le bienfait reçu porte du fruit.

Il y a bien des choses dans ce monde pour lesquelles nous ne pouvons être reconnaissants, et nous ne le devons pas non plus. La souffrance et l'injustice sont un appel à travailler patiemment et inlassablement en vue d'un monde meilleur. Pour cette œuvre à long terme, les êtres reconnaissants sont mieux préparés que leurs compagnons de route ombrageux ou enragés. Ils sont aussi plus disposés à reconnaître et à admettre que le mal est présent en nous aussi, comme une cinquième colonne. Cette lucidité change notre attitude. Avec reconnaissance nous croyons que, dans ce combat contre le mal en nous et hors de nous, nous sommes des instruments dans la main de Dieu et des collaborateurs de Jésus. La gratitude nous rend plus profondément conscients de notre union à Dieu, alors nos vies deviennent moins opaques et laissent davantage transparaître toute sa gloire.

# Appendice

*Dans les notes de sa retraite annuelle, sainte Thérèse Couderc[1] écrivait le 26 juin 1864 :*

Déjà plusieurs fois Notre Seigneur m'avait fait connaître combien il était utile pour l'avancement d'une âme qui désire sa perfection de se livrer sans réserve à l'Esprit Saint. Mais ce matin il a plu à la divine Bonté de m'en donner encore une vue toute particulière.

Le grand moyen d'entrer dans la voie de la perfection et de la sainteté, c'est de *se livrer* à notre bon Dieu.

Mais qu'est-ce que *se livrer*? Je comprends toute l'étendue du sens de ce mot : *se livrer*, mais je ne puis l'expliquer. Je sais seulement qu'il est très étendu, qu'il embrasse le présent et l'avenir.

*Se livrer*, c'est plus que se dévouer, c'est plus que se donner, c'est même quelque chose de plus que de s'abandonner à Dieu. *Se livrer* enfin, c'est mourir à tout et à soi-même, ne plus s'occuper du moi que pour le tenir toujours tourné vers Dieu.

*Se livrer*, c'est encore ne plus se chercher en rien, ni pour le spirituel, ni pour le corporel, c'est-à-dire ne plus chercher de satisfaction propre, mais uniquement le bon plaisir divin.

Il faut ajouter que *se livrer*, c'est aussi cet esprit de détachement qui ne tient à rien, ni pour les personnes ni pour les choses, ni pour le temps, ni pour les lieux. C'est adhérer à tout, accepter tout, se soumettre à tout.

---

[1]. Dans : Ghislaine COTE, r.c., *Le cénacle. Fondements christologiques et spiritualité*, Beauchesne, Paris, 1991, p. 121-122.

Mais on va croire peut-être que cela est bien difficile à faire. Qu'on se détrompe, il n'y a rien de si facile à faire et rien de si doux à pratiquer. Le tout consiste à faire une seule fois un acte généreux, en disant avec toute la sincérité de son âme : « Mon Dieu, je veux être tout à vous, daignez accepter mon offrande. » Et tout est dit. Avoir soin désormais de se tenir dans cette disposition d'âme et ne reculer devant aucun des petits sacrifices qui peuvent servir à notre avancement dans la vertu. Se rappeler que l'on s'est *livré*.

Je prie Notre Seigneur de donner l'intelligence de ce mot à toutes les âmes désireuses de lui plaire, et de leur inspirer un moyen de sanctification si facile. Oh ! si l'on pouvait comprendre d'avance quelles sont les douceurs et la paix que l'on goûte quand on ne met pas de réserve avec le bon Dieu ! Comme il se communique à l'âme qui le cherche sincèrement et qui a su *se livrer*. Que l'on en fasse l'expérience et l'on verra que c'est là où se trouve le vrai bonheur que l'on cherche en vain sans cela.

L'âme livrée a trouvé le paradis sur la terre puisqu'elle y jouit de cette douce paix qui fait en partie le bonheur des élus.

# Table des matières

*Avant-propos* ............................................................. 7

PREMIÈRE PARTIE : Sous le regard de Dieu ....................... 9
*Chapitre premier :* Tourne vers moi ton regard, mon dieu, que je puisse t'aimer ........................................... 11

DEUXIÈME PARTIE : Aux prises avec le mal ..................... 21
*Chapitre II :* Dieu tenu à distance ................................ 23
*Chapitre III :* Métanoïa ............................................... 29
*Chapitre IV :* Vivre du pardon .................................... 37
*Chapitre V :* La plénitude de l'amour .......................... 47

TROISIÈME PARTIE : Mission ........................................... 57
*Chapitre VI :* Notre vie, une mission ........................... 59
*Chapitre VII :* Comme le Père m'a envoyé ................... 65
*Chapitre VIII :* Comment Jésus envoie en mission ........ 75

QUATRIÈME PARTIE : Fécondité ...................................... 83
*Chapitre IX :* Envoyés pour porter du fruit .................. 85
*Chapitre X :* La part du mystère ................................. 93
*Chapitre XI :* La dimension contemplative ................... 101
*Chapitre XII :* Vivre une relation authentique ............... 111
*Chapitre XIII :* Vivre l'alliance .................................... 119
*Chapitre XIV :* Un exemple de saint François ............... 127

*TABLE DES MATIÈRES*

| | |
|---|---|
| Cinquième partie : Habiter une lumière inaccessible | 129 |
| *Chapitre XV* : Le mystère inépuisable | 131 |
| *Chapitre XVI* : Deux sortes de crainte | 139 |
| *Chapitre XVII* : Avec les yeux de la foi | 145 |
| *Chapitre XVIII* : Le Tout Autre | 153 |
| *Chapitre XIX* : Le Nom ineffable | 161 |
| *Chapitre XX* : Humilité | 167 |
| | |
| Sixième partie : Le mystère pascal | 175 |
| *Chapitre XXI* : La Passion à la lumière de la résurrection | 177 |
| *Chapitre XXII* : Traces de la gloire dans la Passion | 187 |
| *Chapitre XXIII* : Traces de la Passion dans la gloire | 193 |
| | |
| Septième partie : Le don de gratitude | 203 |
| *Chapitre XXIV* : Présence dans le présent | 205 |
| *Chapitre XXV* : Trouver Dieu en toutes choses | 213 |
| | |
| *Appendice* | 222 |

*La tradition ignatienne
dans la collection « Épiphanie » :*

**Michel Corbin :** *L'Entre-Temps* : t. I, *L'Homéliaire pour l'année liturgique A* ; t. II, *L'Homéliaire pour l'année liturgique B* ; t. III, *L'Homéliaire pour l'année liturgique C.*
**Gustave Martelet :** *Vivre aujourd'hui la foi de toujours.*
**Carlo Maria Martini :** *« Épreuve et Persévérance » : méditations sur le livre de Job.*
**Carlo Maria Martini :** *Prêtres, quelques années après.*
**Carlo Maria Martini :** *Témoins de la parole.*
**Carlo Maria Martini :** *Voici votre Roi : les Exercices spirituels de saint Ignace à la lumière de saint Jean.*
**Carlo Maria Martini :** *Et Dieu se fit vulnérable. Les récits de la Passion.*
**Carlo Maria Martini :** *Samuel. Méditations sur le premier livre de Samuel*
**Didier Rimaud :** *À force de colombe.*
**Pierre Van Breemen :** *Trouver Dieu en toutes choses.*

*Achevé d'imprimer en septembre 1995
sur presse CAMERON
dans les ateliers de B.C.I.
à Saint-Amand (Cher)*

N° d'Édit. : 10053. N° d'Imp.: 1/2077
Dépôt légal : septembre 1995.

*Imprimé en France*